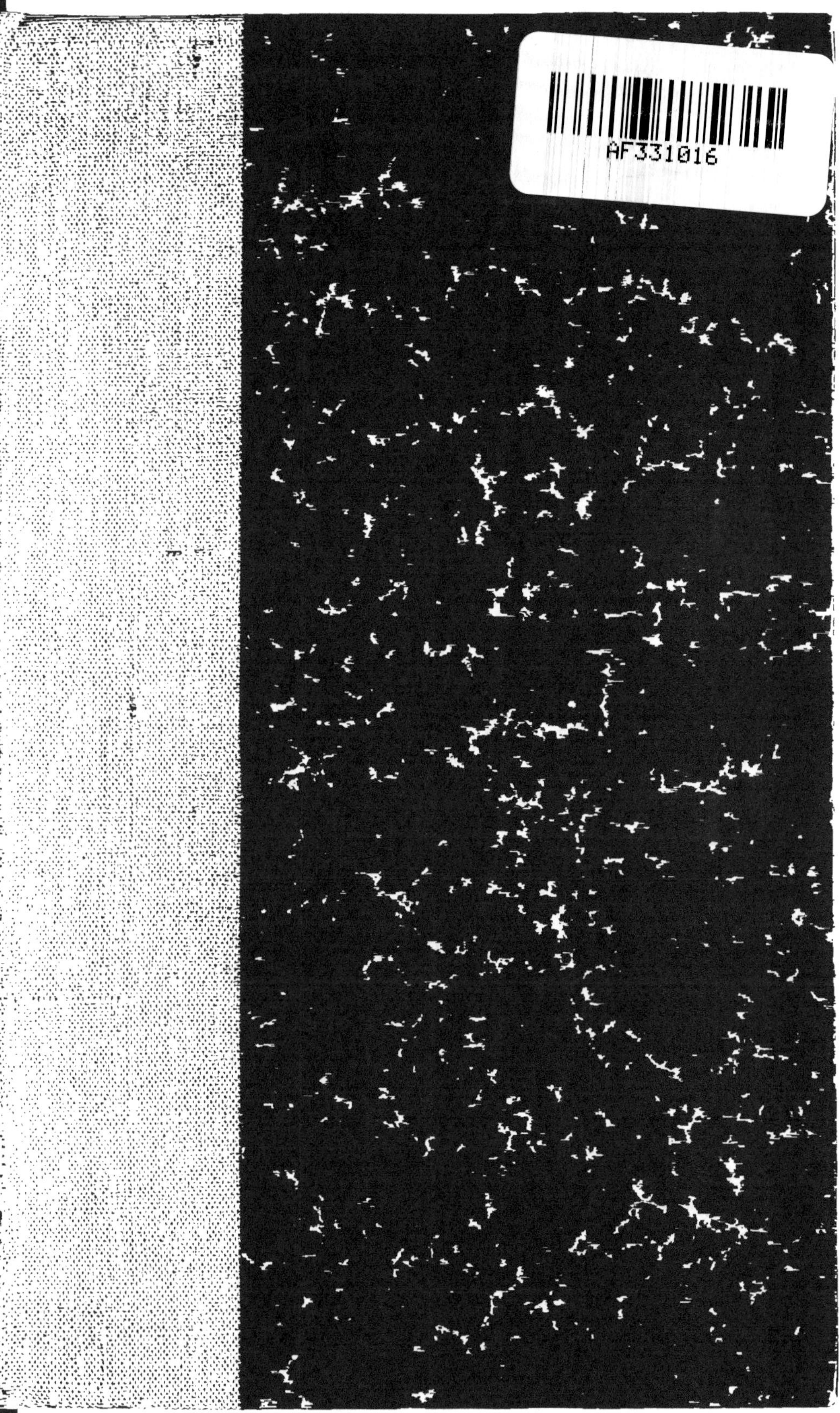
AF331016

RANBEYNES & FILS
RANBEYNES & FILS

VIE

D'UN FRÈRE PRÊCHEUR EXPULSÉ

LE

R. F. RAPHAEL

CÉLESTIN GOULESQUE

NOVICE DIACRE DE LA PROVINCE DE TOULOUSE,

Mort à Salamanque en Espagne,

Le 26 janvier 1882.

LAUS IMMACULATÆ
Devise du F. Raphaël.

DEUXIÈME ÉDITION REVUE ET AUGMENTÉE

PARIS

G. TÉQUI LIBRAIRE-ÉDITEUR

DE L'ŒUVRE SAINT-MICHEL,

85, RUE DE RENNES, 85.

—

1883

VIE D'UN FRÈRE PRÊCHEUR EXPULSÉ

LE

R. F. RAPHAEL CÉLESTIN

FRÈRE RAPHAËL CÉLESTIN

VIE

D'UN FRÈRE PRÊCHEUR EXPULSÉ

LE

R. F. RAPHAEL

CÉLESTIN GOULESQUE

NOVICE DIACRE DE LA PROVINCE DE TOULOUSE,

Mort à Salamanque en Espagne

Le 26 janvier 1882.

LAUS IMMACULATÆ
Devise du F. Raphaël.

PARIS

G. TÉQUI LIBRAIRE-ÉDITEUR

DE L'ŒUVRE SAINT-MICHEL

85 RUE DE RENNES, 85.

1882

DEDICACE

A MARIE IMMACULÉE

Permettez-nous, O Vierge bénie, de vous dédier ces pages remplies de votre Nom vénéré et du parfum de votre sainteté. Elles se rapportent à l'un de vos serviteurs les plus dévoués, et dont vous-même avez inspiré les vertus. C'est Vous qui lui avez servi de directrice et de mère; Vous qui lui avez accordé le don si rare de la simplicité; Vous qui avez transformé cet enfant en un parfait modèle d'humilité et d'obéissance; Vous qui avez fait de son cœur un foyer d'amour divin. L'ardeur de cette charité portait ses aspirations vers les missions lointaines, où il aurait voulu prêcher votre Nom avec celui du Sauveur. Puisse cette courte narration de sa vie réaliser d'une autre façon ses désirs, en se répandant au loin, et en attirant à vous les âmes qui n'ont pas encore assez compris ce que c'est que de vous aimer et de vous imiter. Puisse-t-elle aussi servir à prêcher longtemps dans notre noviciat, cet esprit d'abnégation et de charité, dont votre serviteur a donné de si solides exemples à ses frères.

O Marie, telle est notre espérance, daignez la réaliser. Daignez nous accorder ce que notre regretté Frère Raphaël vous a demandé, pendant tout le cours de sa vie religieuse, la grâce de vous aimer de plus en plus, d'être vos apôtres par toute la terre, et enfin la faveur mille fois sollicitée par cette grande âme, de compter parmi nous des martyrs de vos gloires, qui sont les gloires de Jésus.

VIE
DU R. F. RAPHAEL CÉLESTIN

CHAPITRE I

DEPUIS LA NAISSANCE DU FRÈRE
RAPHAËL CÉLESTIN
JUSQU'A SON ENTRÉE EN RELIGION

§ I.

Naissance et premières années.

Le Frère Raphaël naquit le 23 octobre 1854, à l'Estapet, petite mais charmante campagne, telle qu'en renferme en grand nombre le fertile pays de l'Albigeois. Ses parents n'étaient pas riches, puisqu'ils vivaient en exploitant de leurs propres mains les terres qui constituaient toute leur fortune ; mais ils possédaient la vraie richesse, celle des saints.

François Goulesque le chef de famille était un de ces chrétiens de vieille roche auxquels s'applique en toute vérité le mot de nos saints Livres : « *Vir rectus ac timens Deum* ; il était juste et craignant Dieu. (Job. I) » Marie Anne Téqui, sa compagne, selon la relation de Monsieur Aragou, curé de Valence, directeur de cette famille patriarcale, était le type de la femme forte de l'Écriture.

Entre les vertus qui distinguèrent les deux époux, on remarquait un grand esprit de foi, et par suite, une profonde vénération, un généreux dévouement pour la religion et ses ministres. De tout temps, le prêtre trouva dans leur maison l'estime et la déférence qui lui sont dues. Le « *Père* » Goulesque répétait souvent aux siens ce conseil : « Respectez le « prêtre partout et toujours. Il est sur la terre le re- « présentant de Jésus-Christ, obéissez-lui comme « au bon Dieu. » Si quelqu'un de la famille s'oubliait jusqu'à répéter une parole désavantageuse entendue au dehors sur le compte du ministre de la religion, la mère savait, en un instant, couper court à la conversation. Ce respect et ce dévouement étaient, du reste, de tradition dans leur foyer. Pendant la grande révolution, un prêtre désireux de continuer à travailler au salut des âmes, était venu se cacher dans un bois du voisinage appartenant à la famille Goulesque. La grand-mère et le grand'oncle exposèrent mille fois leur vie pour procurer la nourriture à cet apôtre vaillant, qui pendant la nuit, administrait les sacrements dans une des dépendances de la métairie. On y conserve encore précieusement une vieille armoire sur laquelle il célébrait le Saint-Sacrifice. C'était donc là, dans une pauvre masure, que le Maître du monde, chassé de ses temples, devait descendre furtivement au milieu des ténèbres ! Persécuté par les puissants de la terre, il se révélait aux humbles, il fortifiait leur foi, souriait à leur amour ; et près d'eux, comme dans un petit cercle d'amis, il se consolait des outrages ou de l'indifférence du grand nombre.

Ce concours intrépide valut bientôt à la famille Goulesque une dénonciation. Heureusement qu'avertie à temps par des amis de Valence, elle put mettre en sûreté son hôte vénérable avec tous les objets qui regardaient son ministère. Une caverne située sur la paroisse de Saint-Cirgue et éloignée de l'Estapet de quatre ou cinq kilomètres lui servit désormais de refuge ; et c'est là que ses protecteurs continuèrent fidèlement à le servir. Il put donc traverser sain et sauf cette époque terrible ; et son zèle devint dans la suite très utile au salut des âmes. Les anciens de la famille se rappellent parfaitement avoir appris tous ces détails de la grand'mère, qui ajoutait cette réflexion confirmée par sa propre l'expérience : « De même que le bon Dieu punit ceux qui outragent ses prêtres, de même il comble de bénédictions ceux qui leur font du bien. »

Une fois de plus, cette vérité se justifia dans la maison d'Anne Téqui et de François Goulesque. Quatorze enfants furent le fruit de leur union chrétienne; et Dieu, en multipliant la famille, donna aux époux de l'Estapet, avec les moyens de l'entretenir honorablement, la grâce de l'élever selon Dieu. Les sept filles correspondirent, dans des vocations diverses, aux volontés du ciel : trois succédant à la mère, décédée pieusement le 15 mars 1878, sont encore les colonnes et l'ornement de la maison paternelle. Des quatre autres, deux sont entrées chez les Filles de la Charité, et deux chez les Dominicaines d'Auch, vouées au soin des malades.

L'un des sept garçons mourut aussitôt après avoir reçu la grâce du baptème ; un deuxième est dans la Congrégation des Frères Maristes, et s'y livre à l'enseignement de la jeunesse ; plusieurs autres occupent dans l'industrie une position honorable, ou exploitent la propriété paternelle.

Celle-ci, quoique modeste par rapport au grand nombre d'enfants, a été conservée et améliorée par tous ces bras amis du travail, que la vertu maintenait courageux et forts, pour montrer à notre siècle corrompu, que les enfants chrétiennement élevés, ne sont pas seulement la joie de la famille, mais deviennent sa richesse, même au point de vue des avantages terrestres.

Cependant, toute céleste était la part réservée au frère Raphaël. C'est pour cela sans doute que la Providence, par l'intermédiaire de ses parents, le fit appeler *Célestin*, nom de bon augure qui annonçait que cet élu du Seigneur passerait sur la terre sans s'y attacher, « ayant sa conversation dans les cieux (1). »

Élevé dans une famille comme celle qui vient d'être montrée, l'enfant ne pouvait que respirer une atmosphère sainte et, pour nous servir de l'expression chère aux hagiographes, « sucer l'amour de Dieu avec le lait maternel. »

Il est donc permis de lui appliquer ce que dit le Père Lacordaire au sujet de la première enfance de saint Dominique : « Sa mère le gardait sur un sein où il ne pouvait puiser qu'une nourriture chaste, et sur des lèvres où il ne pouvait entendre qu'une parole vraie (2). » Aussi, devenu religieux, le fils de cette grande chrétienne aime à rappeler dans ses lettres, qu'elle fut la première à lui apprendre l'amour de Jésus et de la Vierge immaculée.

Nous voyons encore, par sa correspondance, qu'il

(1) Nostra autem conversatio in cœlis est. (Phili. iii. 20)
(2) Vie de saint Dominique.

était d'usage à l'Estapet, et l'on nous assure que la
coutume se continue toujours, de faire, en famille,
des lectures pieuses : vie des saints, explication de
l'Évangile ou de l'Ancien Testament, prières à saint
Joseph, à la Très Sainte Vierge, et au Sacré-Cœur
de Jésus, pendant les mois qui leur sont consacrés.
La famille Goulesque n'était pas la moins empressée
à suivre ces pieuses traditions. Le père présidait
lui-même les exercices, et la sœur aînée, ou une
autre à sa place, faisait à haute voix, soit la lecture, soit la prière d'usage.

Heureuses mœurs de nos ancêtres ! Ce sont elles
qui donnaient la véritable éducation et qui formaient des générations selon le cœur de Dieu. On
se souvenait toujours des traits édifiants qu'on
avait lus, durant les longues soirées d'hiver, à la
lueur de l'âtre domestique, dans la *Bible en images*
ou dans les *Vies* enluminées. On apprenait comme
en se jouant, entre le sourire paternel et l'em-
brassement d'une mère, les vérités les plus relevées
de notre religion, les maximes les plus importantes pour la direction de la conduite ; on s'habi-
tuait à aimer le bien, à concevoir l'horreur du mal.
Il devenait comme naturel d'admirer toutes les
grandes et belles choses, d'aspirer aux œuvres généreuses, de rechercher Dieu seul, sa
gloire et son amour , puisqu'en cela consiste

la fin de l'homme, son honneur, sa béatitude.

Qu'est devenue cette simple et pure lumière, cette flamme généreuse, dans notre société où la vanité rapetisse les âmes dès les premières années, où l'accumulation des jouissances terrestres paraît être devenue la fin dernière de la vie? Hélas! même chez les bons, même parmi les jeunes générations qui semblent impatientes de se dévouer à la cause de Dieu, on constate trop souvent, avec tristesse, cette absence irrémédiable de principes solides et féconds, parce que la famille n'a pas su les implanter à l'heure favorable. Aussi, dès que les ardeurs de la jeunesse sont passées, dès que les premières épreuves se font sentir, les aspirations élevées disparaissent, les beaux desseins s'évanouissent, il ne reste que du dégoût, de l'apathie, une sorte de scepticisme universel. Célestin, au contraire, formé à la vieille école, montra ce que peut devenir, avec la grâce de Dieu qui la développe, cette germination du bien dans une âme chrétiennement préparée. Il n'avait pas de qualités brillantes, c'était une bonne intelligence, droite, judicieuse, mais ordinaire. On ne trouvera certes pas dans les pensées nombreuses que nous lui emprunterons, l'écrivain ni le philosophe; et pourtant quelle fraîcheur de sentiments! quelle netteté dans les conceptions! quelle propriété dans

1.

l'expression ! quelle élévation dans les pensées ! quels élans ! quelles aspirations magnanimes ! En un mot quelle belle âme ! quel noble cœur !

Le P. Lacordaire se félicitait de n'être pas né dans une grande ville. Nous pouvons féliciter notre frère d'avoir été élevé à la campagne, à cause des influences heureuses de ce séjour sur l'esprit, le caractère et les mœurs, particulièrement dans les premières années. C'est pourquoi Dieu a voulu que les Patriarches vécussent sous la tente, loin des raffinements du luxe et des prétendus progrès de l'industrie humaine. C'est pourquoi encore Joseph, Moïse, David et tant d'autres personnages providentiels, furent tirés des champs pour devenir les libérateurs de leur peuple.

Le jeune Célestin, lui aussi, pendant les premières années de sa vie, s'occupa aux humbles travaux de la campagne et s'employa même à la garde des troupeaux. C'était une école ; car, on ne saurait trop le redire, il n'y a rien comme cette vie simple et âpre, non seulement pour développer les forces physiques, mais pour cultiver ce qu'il y a de meilleur dans l'âme. Tandis que le corps s'habitue aux fatigues du travail, à la rigueur des saisons, à la frugalité de la nourriture, le cœur se dédommage dans une sphère plus haute. Durant le jour, il s'habitue à vénérer Dieu partout dans ses œuvres :

et le soir, il goûte suavement la part de joie et d'amour qui l'attend au foyer, près d'un père, d'une mère tendrement aimés. La maison devient un sanctuaire où la piété grandit sans effort, le monde entier un temple où Dieu parle à l'âme par la manifestation de ses attributs, où l'âme répond à Dieu par la louange et la reconnaissance. L'homme est vraiment prêtre ; il en a l'esprit et il en fait les œuvres. — On ne doit donc pas s'étonner, que, dans un pareil milieu, notre jeune campagnard ait senti se développer de bonne heure des germes de vocation au sacerdoce catholique.

§ II.

Séminaire

Bien qu'il eût été élevé dans le fond d'un hameau, la culture intellectuelle de Célestin n'avait pas été négligée. Dès qu'il fut en état d'en profiter, on l'envoya à l'école de Valence. Il partagea donc son temps entre les travaux des champs et les leçons du maître. L'école était alors dans nos villages ce qu'elle doit être partout, quelque régime politique qu'un peuple ait adopté ; elle était foncièrement chrétienne. Le curé surveillait l'enseignement, et donnait tous ses soins à ce que l'instruction religieuse la plus solide, la formation morale la plus pure, y tinssent la place d'honneur.

Vers l'âge de onze ans, les parents de Célestin songèrent à le tirer des études élémentaires pour l'envoyer au petit séminaire ; et ils prièrent un ecclésiastique de lui donner les premiers principes du latin, pour le disposer, d'une manière plus immédiate, à recevoir avec fruit, l'enseignement ecclésiastique. Ce fut aussi l'année de sa première communion. Elle fut entourée, comme elle l'est justement dans nos paroisses de France, d'une préparation soigneuse, d'une solennité attendrissante. C'est en effet un si grand acte dans la vie, surtout quand la visite du Dieu « qui réjouit la jeunesse (1) » trouve encore l'âme dans sa candeur immaculée ! — De ses rapports plus fréquents avec Jésus, et de ses communications plus directes avec des prêtres exemplaires, l'enfant recueillit un accroissement de cette admiration qu'il avait toujours ressentie pour le représentant de Dieu parmi les hommes. Ses premières aspirations vers le sacerdoce prirent plus de consistance. Le désir de contribuer à la gloire de Notre-Seigneur et d'étendre son règne, la perspective d'un dévoûment héroï-

(1) Ps. xii. 2.

que aux âmes, l'espérance d'arriver à la sainteté
par la pratique parfaite des vertus : toutes ces
hautes pensées, si dignes de solliciter un cœur généreux, agirent dès lors vivement sur le sien, ré-
chauffé et grandi au contact de la sainte Eucharistie. Les parents étaient heureux de ces dispositions
qui répondaient si bien à leurs propres désirs et
aux prières qu'ils adressaient tous les jours au
ciel.

Le petit séminaire de Massals fut choisi par
eux pour leur enfant, comme répondant le mieux
aux habitudes de simplicité de la famille. Cette
maison se glorifiait d'ailleurs, à juste titre, d'une
vénérable origine. Pendant les fureurs de la grande
Révolution, un vénérable prêtre de la contrée, avait
pu, au péril de sa vie, grouper quelques jeunes gens
pour les préparer au sacerdoce. C'était tantôt dans
quelque caverne des montagnes, tantôt dans la
grange d'un paysan sans peur, tantôt au milieu des
forêts, que les serviteurs du Christ persécuté trouvaient leur abri, en même temps que les leçons de
la science et de la vertu. La fondation du petit
Séminaire de Massals était sortie de ce zèle intrépide, de ces souffrances et de ces mérites acquis.
Il lui resta quelque chose de la vie dure et cheva-
leresque de ses premiers fondateurs. La maison
qu'on s'était procurée à grand'peine dans ce village

de montagne avait la pauvreté pour unique ornement ; mais une charité à toute épreuve remplaçait
ce qu'on s'est habitué à réclamer partout sous le
nom vulgaire de *confortable*. Chaque élève y était
accepté tel qu'il s'offrait, avec sa petite bourse s'il
avait peu de fortune, et même avec sa pension
payée en nature, quand il n'était pas en mesure
de la fournir en argent. Tous, supérieur, professeurs et élèves logeaient comme ils pouvaient, mais
toujours assez mal au milieu de ces vieux murs
ruinés, et prenaient place ensemble à une table
plus que frugale, dont aujourd'hui les parents ne
voudraient à aucun titre pour leurs enfants, à
cause des habitudes de délicatesse qu'ils leur ont
laissé prendre et qu'ils ont peut-être encouragées.

En revanche, on y vivait de la douce vie de famille, servant Dieu comme un Père, et s'aimant
comme des frères ; on y travaillait avec une ardeur
infatigable ; les récréations et les promenades
étaient délicieuses comme nulle part ailleurs, à
cause de l'air pur des montagnes, de la fraîcheur
des forêts, de la belle variété des sites, et surtout de
l'animation qui régnait parmi ces étudiants fortunés.

Célestin Goulesque passa sept ans dans cette
maison si bien en harmonie avec les habitudes de
sa première jeunesse. Il a toujours compté ces sept
années parmi les plus heureuses de son enfance

et n'a jamais, depuis, parlé sans attendrissement,
soit de ses condisciples, soit surtout de ses maîtres.
Ceux-ci, nous le savons, ont répondu largement à
ce tribut de gratitude et d'affection. Ils se plaisent
à reconnaître qu'ils avaient en lui un des modèles
de l'école, l'un des membres les plus fervents des
associations pieuses qui s'y formaient pour maintenir le niveau de l'esprit chrétien, et initier les
jeunes gens au véritable esprit du sacerdoce.

Ses études achevées, non sans succès, grâce à
son application, le jeune aspirant à l'état ecclésiastique fut admis au grand séminaire d'Albi. Il
avait dix-neuf ans. Comme à l'école de Massals, il
se fit apprécier et chérir de tous. Les Pères Lazaristes, ses directeurs, ne pouvaient manquer d'aimer
et de développer la belle simplicité de sa nature,
qui répondait si bien à l'esprit de leur Congrégation. On sait, en effet, que dans le précieux héritage
de traditions et de vertus que leur a laissé leur
fondateur, l'illustre St Vincent de Paul, l'humilité,
la simplicité et l'esprit de foi forment la plus riche
part. Ce sont aussi les dispositions qu'ils cultivèrent
et firent grandir avec plus de soin chez le jeune
lévite. De ces vertus, comme d'un terrain propice,
sortit un autre sentiment surnaturel qui envahit
de plus en plus son cœur, le désir d'aller prêcher
au loin la bonne nouvelle, afin de se donner plus

absolument aux âmes, d'embrasser plus étroitement la croix, et de mourir plus vite au service de
Dieu.

« Dernièrement, » écrivait-il un jour à sa sœur
Théodore sous l'impression de ces aspirations
vers le ciel, « un de mes condisciples est mort
« C'était un jeune clerc de vingt-quatre ans ; il est
« mort poitrinaire, sur un fauteuil, mais après avoir
« reçu les derniers sacrements. Je voudrais mou-
« rir comme lui. Heureux les morts qui meurent
« dans le Seigneur ! *Beati mortui qui in Domino*
« *moriuntur* (1). Je l'ai veillé moi-même, la nuit
« avant qu'il rendit le dernier soupir. Il était édi-
« fiant, et ne se lassait pas de baiser sa croix. »

En attendant de pouvoir trouver, sur quelque
terre sauvage, cette croix et cette mort qui lui ou-
vriraient le ciel, il dépensait la charité dont son
âme était embrasée, en actes de dévouement à
l'égard de ses frères.

Non seulement au grand séminaire, mais pendant les vacances, « il se faisait tout à tous comme
« l'Apôtre, souffrant avec ceux qu'il voyait souffrir,
« se consumant de regrets et de désirs quand ses
« condisciples rencontraient quelque sujet de peine
« ou de scandale. »

C'est le témoignage que lui donne M. l'abbé

(1) Apoc. xiv. 13.

Falgayrac, alors vicaire de Valence, et il ajoute :

« Ce bon frère ne m'a jamais refusé les offices
« que je lui ai demandés, comme de me chanter la
« messe, quoiqu'il n'eût pas la voix très juste et
« que ce défaut fît sourire ses collègues de vacances.
« J'ai toujours remarqué en lui une piété solide, un
« cœur bon et généreux, un caractère égal. Il était
« très compatissant, et il souffrait dès qu'il savait
« quelqu'un dans la peine. C'était son habitude de
« s'occuper plutôt des autres que de lui-même. »

« Le jeune Goulesque, » rapporte encore M. Aragou, son curé, « passa chaque année ses vacances
« à l'Estapet. Il partageait son temps entre la prière,
« l'étude et une courte récréation. Quoique la mai-
« son paternelle soit distante de trois kilomètres de
« l'église paroissiale, il ne se résignait que très dif-
« ficilement, et pour des raisons impérieuses, à se
« priver de venir chaque jour à la messe. Il porta
« avec la plus grande exactitude l'habit ecclésias-
« tique, et partout il le fit respecter.

« Très régulier dans l'assistance aux offices de
« paroisse, il aimait à y prendre la part que ses
« Ordres lui permettaient. Afin de favoriser ce zèle
« pour le culte divin, je lui avais offert d'être mon
« commensal ; et il avait accepté. Chaque diman-
« che et chaque fête, j'étais donc le témoin de sa
« sobriété à table, et de la dignité toute ecclésias-

« tique qu'il savait y garder. Son amour pour la
« prière et l'étude lui faisait chérir la retraite.
« Jamais de voyage d'agrément ; s'il faisait quel-
« ques absences, c'était pour aller à N.-D. de Lour-
« des, ou au monastère de N.-D. de l'Oder, rap-
« proché de Valence, afin d'y faire une visite aux
« Pères du Tiers-Ordre de St-François. »

Notons cette dévotion déjà très marquée pour
la Bienheureuse Vierge, qui doit si largement se
développer dans la suite. Son premier sermon au
séminaire d'Albi, avait été sur sainte Marie-Madeleine pour qui il se sentait une spéciale dévotion. Son second sermon, prêché le 17 Décembre
1876, après son sous-diaconat, eut pour objet
l'honneur de Marie. *Ecce Mater tua*, « voilà votre
Mère, » tel fut son texte: « Puisque la Reine du ciel
est notre mère, nous lui devons notre amour, »
telle fut sa proposition ; ce sera la devise de tout
son avenir.

§ III.

Vocation Religieuse.

L'année 1878 devait être pour le pieux clerc
déjà mûri dans l'esprit de la foi, une de ces époques

d'où dépend la vie, et l'on peut dire, l'éternité. Il se
vit frappé par un de ces coups qui ont un grand
retentissement dans le cœur de tout homme, mais
qui, dans le cœur du religieux et du prêtre, étrangers aux liaisons de la terre et plus sensibles aux
impressions de la piété filiale, ouvrent une blessure
plus profonde. Sa mère allait atteindre ses 66 ans :
il était déjà temps qu'elle se reposât de ses longs
travaux et qu'elle recueillît le fruit de ses nombreux
mérites. Ce fut le 15 mars de cette année, qu'elle
rendit son âme à Dieu, entourée comme autrefois
Rachel, de sa nombreuse famille.

Célestin sentit son cœur se briser ; mais dans
cette immense douleur où il était plongé, une lumière céleste lui apparut. C'en était fait, son avenir
s'était dessiné ; il savait ce que Dieu demandait de
son existence ; elle devait être désormais plus dé-
tachée du siècle, plus absorbée encore par les choses éternelles.

Voici ce qu'il écrivait à sa sœur Théodore le 12
mai, en lui envoyant une poésie composée en
mémoire du sacrifice qu'il venait de consommer :

« Tu te le rappelles, c'était un soir au ciel sans
« nuages, quand on vint nous chercher. Maman se
« mourait. Pour perpétuer le triste souvenir de cette
« soirée à jamais mémorable, j'ai composé les quel-

« ques vers qui suivent. De ce jour, je puis le dire,
« date ma vocation. »

Citons une strophe qui nous résumera le sentiment principal de son âme :

> « Adieu, siècle enchanteur, adieu monde frivole
> « Loin de tes vanités, bien loin de tes plaisirs,
> « Déjà tendent mes pas, s'élèvent mes désirs :
> « Je te quitte avec joie et vers Dieu je m'envole. »

Puis il ajoutait, en parlant de sa sœur Marie, Fille de la Charité à Rio-Janeiro :

« Marie m'a écrit, il n'y a pas longtemps ; elle
« ne me parle pas encore de la triste nouvelle.
« Pauvre sœur ! c'est si loin ! Elle me raconte en
« détail la mort d'un des Dominicains qui étaient
« venus au Brésil pour évangéliser ce pays (1). « Ce
« Père, me dit-elle, est mort dans la maison des
« Lazaristes, tout près de l'Immaculée-Conception.
« Sa fin a été édifiante. » Il est mort quelques heu-
« res après notre chère Mère, le samedi 16 mars
« vers trois heures du matin ; tandis que notre
« mère, nous a quittés le 15 mars à sept heures du
« soir. Il aura été sans doute porter des nouvelles
« de notre chère sœur Marie à notre Mère qui ne
« l'avait pu voir avant de mourir. O mon Dieu,
« qui oserait sonder vos mystères ! »

(1) Le P. Damiens Signerin dont il sera question plus tard. (Chap. V. §. 11).

Belle pensée sur les lèvres d'un jeune séminariste : *Qui oserait sonder les mystères de Dieu !* Nous pourrions la lui appliquer à lui-même. Car cette mission du Brésil dont il parlait par hasard, devait, quelques années après, prendre une large part dans ses pensées, et devenir peut-être, dans les plans providentiels, la cause principale de sa précieuse mort !

Mais écoutons-le annoncer plus en détail la grande nouvelle de sa vocation à cette même sœur Théodore qu'il aimait si tendrement, et qu'il devait suivre de si près dans l'éternité. Il sait qu'il sera sous-diacre bientôt, et il lui fait part de sa prochaine ordination :

« Les appels ont eu lieu cette semaine. Aujour-
« d'hui donc je puis te dire que je suis appelé par
« le Conseil et par mon Directeur. Ainsi j'aurai
« l'insigne bonheur, à la Trinité, de me consacrer
« pour toujours à Dieu, comme sous-diacre.

« Mais ce n'est pas tout ; j'ai quelque autre
« chose à te communiquer. Je suis décidé à entrer
« en religion, et c'est l'Ordre de St-Dominique que
« j'ai choisi. Ne crois pas que j'aie préféré cet Ordre
« à tout autre parce que vous en faites partie, toi
« et sœur Cécile ; c'est d'après une manifestation
« évidente de Dieu. J'espère que je serai heureux
« bientôt, c'est-à-dire lorsque j'irai là où le divin

« Maître me veut. Oh ! quelle ne sera pas ma joie,
« lorsque je pourrai revêtir l'habit des Frères-
« Prêcheurs. Ma sœur, si tu m'aimes, prie pour
« moi.....

« Hier nous sommes allés faire un pèlerinage à
« Notre-Dame-de-la-Drêche. Dans ce béni sanc-
« tuaire, j'ai pleuré et j'ai souri en prévision du
« bonheur que Dieu allait m'accorder. Je me suis
« mis sous la protection de la Reine du Ciel. J'ai
« consacré toute ma famille à cette Vierge si bonne,
« à cette Mère des pauvres mortels. O Marie, c'est
« en vous que j'espère, ne m'oubliez pas auprès de
« votre Fils.....

« Je n'ai encore rien dit à mes parents. Je vou-
« drais bien me dispenser de rentrer à la maison,
« car je crains les larmes de cette chère famille.
« Mon Dieu, faites que je suive ma vocation. »

§ IV.

**Obstacles à la vocation. — Amour de la Famille,
attachement au pays.**

Le courageux aspirant à la vie religieuse pres-
sentait bien qu'il aurait à compter, comme il arrive
presque toujours en pareil cas, avec l'opposition de

ses proches. Nous avons vu comment il avait été
élevé. Fallait-il qu'une éducation si pieuse et si
soignée se retournât contre ses auteurs ? Était-ce
la manière de récompenser tant d'abnégation et
d'amour ? Le pauvre père venait de perdre son
épouse ; il avait dû faire successivement le sacrifice de deux filles parties pour l'Ordre de St-Dominique, d'une autre envoyée dans la mission du
Brésil : d'un fils entré dans la Congrégation des
Frères Maristes. Bien plus, le Benjamin de la famille, la dernière venue au monde, à peine âgée de
dix-neuf ans, venait de lui demander d'entrer, elle
aussi, parmi les Filles de la Charité. Célestin lui-
même avait en grande partie mené cette affaire ; il
semblait se plaire à voir sa petite sœur aller s'en-
fermer dans une maison sainte, il est vrai, mais
bien éloignée de la maison de son père. Pouvait-il
après tout cela, abandonner à son tour un vieillard
de 84 ans ? Ne craignait-il pas d'entendre tomber
de ses lèvres la plainte de Jacob à ses enfants :
« vous m'enlevez celui-là, vous conduirez mes
cheveux blancs à la tombe (1) ? »

Voilà, pour les cœurs bien faits, la grande ob-
jection, le terrible sacrifice, auprès duquel tous les
autres ne comptent pas. L'enfant des campagnes,
loin d'être à cet égard plus facile au détachement,

(1) Genèse. XLII. 38.

contracte par la pureté de sa vie, par son éloigne-
ment des vanités du monde, par la constance de
son séjour dans l'intérieur de la maison paternelle,
des liens avec la famille, plus aimables, plus fortement enracinés, bien plus pénibles à rompre. Le
jeune Célestin se rendit compte de bonne heure de
la suavité et de la force de ces liens. Pendant une
maladie grave qu'il fit au Petit-Séminaire de Massals
il avait dit à la sœur chargée de le soigner : « La
mort ne m'effraie pas; ce qui me chagrine le plus,
c'est la peine que maman en éprouvera. » Il avouait
maintenant à sa sœur Théodore, dans la même
lettre dont nous avons déjà cité plusieurs frag-
ments, qu'il n'aurait pas eu la force de quitter sa
mère. Il regardait donc comme un trait de la Providence, que Dieu le voulant religieux, lui eût enlevé
ce lien puissant et doux qui l'aurait empêché de
prendre son essor. Quant à son père, il se sentait
plus fort, aidé, pensait-il pieusement, par sa mère,
qui l'engageait du haut du ciel à tout laisser pour
le Seigneur; il ne pouvait néanmoins songer à
l'immense chagrin qu'il allait lui causer sans en
avoir le cœur meurtri; et, ne se croyant pas de
force à regarder le visage attristé, à voir couler
les larmes du vieillard inconsolable, il projetait,
quand le jour serait venu, d'échapper par un départ
furtif à la scène des adieux. Même après son

départ, il ne perdra jamais de vue son père ; il priera constamment pour ce chrétien, digne du temps des martyrs, qui avait fait le sacrifice héroïque de tant de fils et de filles, pour le service du Seigneur.

« Heureux, êtes-vous, lui écrivait-il plus tard, « mon bon père, d'avoir consacré tant d'enfants à « Jésus et à Marie, en leur permettant, généreuse-« ment comme vous l'avez fait, d'entrer en religion. « Je vous remercie de tout mon cœur de ce que « vous avez été pour moi ; et je regarde comme le « plus grand des bienfaits, le consentement que « vous m'avez accordé pour mon entrée dans l'Or-« dre de Saint-Dominique.

« Béni serez-vous, cher père, lorsque votre « heure sera venue, et que Dieu vous rendra au « centuple ce que vous aurez fait pour lui dans ce « monde ; je demande constamment à St. Joseph, de « vous assister au moment de votre passage de « cette terre dans le séjour de la gloire. Je prie « l'Immaculée Vierge Marie de venir elle-même « recevoir votre âme pour la présenter à Jésus. »

Bon nombre de lettres écrites depuis son entrée en religion ont été conservées. Elles montrent toutes jusqu'à quel point, en s'éloignant de ses parents, il leur était demeuré uni, les suivait dans leur existence et s'intéressait à leur bien spirituel.

« Chère sœur, » écrit-il à l'une de ses sœurs res-
tées à la maison, « sois pour Frédéric et Joseph
« une seconde mère. Apprends-leur comme tu me
« l'as appris à moi-même, à prier Jésus et à invo-
« quer Marie en toute circonstance. Je te remercie
« de ne pas discontinuer de lire ou de faire lire
« chaque soir en famille, la vie de quelque saint et
« l'explication de l'Évangile. Je t'assure que ces
« lectures m'ont toujours fait un grand bien.

« Que le petit Frédéric m'écrive lorsqu'il le
« pourra, afin de me prouver que ce n'est pas en
« vain que je lui ai donné les premiers rudiments
« de la science humaine. Apprends à ces deux en-
« fants à réciter chaque jour une courte prière à la
« sainte Vierge, afin qu'elle leur obtienne de bien
« vivre, et plus tard de connaître leur vocation.

« Conserve au petit Joseph ses bonnes idées de
« se faire religieux. Qui sait, si lorsqu'il me verra
« avec la robe blanche, il ne voudra pas me suivre
« dans le cloître ? Ne néglige point l'éducation de
« ces deux anges. »

Et à la fin de l'année 1881, alors que l'exil a
mis un plus grand intervalle entre lui et sa famille,
il revient à elle, tel qu'il était dans son enfance :

« Il me semble voir, leur dit-il amicalement, le
« petit Joseph et Frédéric se lever de meilleure
« heure que de coutume, et aller de chambre en

« chambre souhaiter la bonne année, afin de gagner
« quelques pralines. Je prie Joseph, comme étant
« le plus jeune, d'embrasser tous mes frères et toutes
« mes sœurs pour moi. Frédéric aura la bonté
« d'embrasser son cher papa et le mien. Pour
« étrennes, je ne puis vous donner des bonbons car
« je suis trop loin ; mais je prie l'Enfant-Jésus de
« vous récompenser de votre aimable charité en
« vous bénissant. »

Une autre fois, voulant leur recommander la dévotion à la sainte Vierge, comme à la gardienne
assurée de leur innocence, il leur raconte cette
jolie histoire :

« On avait dressé un petit oiseau à dire : *Ave*
« *Maria* ; chaque matin, son premier chant était
« de répéter : *Ave Maria*. Un jour, le paresseux
« oublia cette salutation à Marie ; et au moment où
« il s'y attendait le moins, il vit l'épervier planant
« sur sa tête, prêt à fondre sur lui pour le dévorer.
« Mais l'oiseau se hâta de crier, bien qu'un peu
« tardivement : *Ave Maria*, et l'épervier tomba
« mort devant lui.

« Comprenez-vous cette belle histoire ? Le petit
« oiseau qui dit chaque jour : *Ave Maria*, c'est
« l'âme fidèle, c'est vous-mêmes, chers enfants
« L'épervier, c'est le démon qui cherche à vous dé-
« vorer. Tant que vous invoquerez Marie, le démon

« sera vaincu ; mais le jour où vous ne penseriez
« plus à cette bonne Mère, votre cruel ennemi serait
« là, tout prêt à vous perdre. Si cependant, re-
« grettant votre négligence, vous vous hâtez de dire
« *Ave Maria*, le démon tombera vaincu à vos
« pieds. Ah ! vous êtes vraiment de petits oiseaux
« sans expérience ; demeurez du moins les fidèles
« enfants de Marie. »

On comprend, par ce langage sorti d'une cellule religieuse, échappé d'un cœur déjà séparé du
monde, ce qu'une nature si tendre dut essuyer d'as-
sauts du côté de son affection, avant de se résoudre
à tout immoler au Créateur.

Ces oppositions provenant d'un cœur si sensible
à l'amour de la famille, étaient d'ailleurs fortifiées
par l'attachement qu'il avait pour son pays. Pourquoi quitter cette terre natale où il y avait tant de
bien à faire ? Un bon prêtre est une si grande bénédiction pour un diocèse ! Ne pouvait-il pas, en cette
qualité, servir Dieu et le faire mieux connaître,
soit dans sa nombreuse famille, qu'il dirigerait, s'il
n'était pas trop loin d'elle ; soit dans une paroisse
où il trouverait amplement matière à exercer son
zèle ! Que si, pour se faire apôtre, il voulait quitter
son pays et renoncer au ministère plein de mérites
du prêtre des campagnes, était-il conforme à ses
attraits et à ses aptitudes d'entrer dans un Ordre

qu'on lui représentait comme aspirant surtout à la prédication dans les grandes chaires ? Ne valait-il pas mieux, à tant faire que de tout briser, se rendre droit au séminaire des Missions-Étrangères, d'où, en peu de temps, il était sûr d'être envoyé là où l'appelaient ses vœux les plus chers ?

On se demandera comment toutes ces objections et tous ces obstacles se dressant devant un jeune homme de vingt-quatre ans, n'eurent pas raison de son inexpérience et de sa grande sensibilité ; pourquoi il ne céda pas à la voix du sang et de l'amitié, aux objections les plus spécieuses soulevées contre sa vocation religieuse en général, et en particulier contre son option pour l'Ordre des Frères-Prêcheurs.

Autant vaudrait demander au cerf, pourquoi il préfère les contrées les plus solitaires, les forêts les plus inaccessibles, les montagnes les plus hautes avec leurs sources cachées, pourquoi il les préfère aux pâturages qui abondent près des habitations humaines ; à la colombe pourquoi elle cherche plus volontiers sa retraite dans les anfractuosités de la tour qui monte jusqu'aux nues, que dans le palais des princes.

Célestin avait entendu la voix du Bien-Aimé disant à son âme : « Viens, ma colombe, viens, toi que « j'aime ; je te conduirai dans la solitude, et là, je

2.

« te parlerai au cœur (1). » — Et celle de David,
l'humble berger, devenu l'interprète des âmes aspirant vers Dieu: « Comme le cerf altéré soupire après
« l'eau des fontaines ; ainsi mon âme soupire après
« vous, Seigneur (2). » — Et cette autre d'Ezéchiel :
« Je ferai paître mes brebis dans les pâturages les
« plus gras et sur les montagnes les plus élevées ;
« elles se reposeront au milieu des herbes ver-
« doyantes, entourées de ruisseaux, sur les monts
« d'Israël (3). » — Et l'austère parole de Jésus s'ex-
primant sans figure et disant : « Celui qui aime son
« père ou sa mère plus que moi, n'est pas digne de
« moi (4). » — Ou encore : « Si quelqu'un veut
« venir après moi, qu'il se renonce lui-même, qu'il
« prenne sa croix tous les jours et qu'il me suive(5).»

Dans l'Ordre de St-Dominique, notre fervent séminariste était sûr de trouver les moyens d'exercer le zèle apostolique sous toutes ses formes, dans
les campagnes comme dans les cités, au profit des
simples comme des sages. Plus encore, il était sûr
d'y trouver, dans l'intérieur du cloître, cette croix
redoutable aux sens, mais délicieuse pour l'âme,
entourée des lis de la pureté et des fleurs empour-
prées du martyre ; il comptait la trouver fortement

(1) Cant. ii. 10 — Ose. ii 14.
(2) Ps. xli. 2.
(3) Ezech. xxxiv. 15.
(4) Matth. x. 37.
(5) Luc. ix. 23.

enracinée, et étendant partout ses rameaux dans « le jardin fermé (1) » qui est le Noviciat. De là ses empressements et ses ardeurs.

§ V

L'Ordre de St-Dominique et le Pays Albigeois.

Saint Dominique est pour les contrées de l'Albigeois, ce qu'est le bienfaiteur à l'égard de ceux qu'il comble de ses dons ; ce qu'est le vainqueur à l'égard du champ de bataille où il a lutté, souffert, triomphé. L'atmosphère de toute la contrée est comme imprégnée des soupirs de sa charité ; les échos redisent encore les accents de sa parole ; le sol est marqué de l'empreinte de ses pas ; presque toutes les villes sont remplies du souvenir de ce qu'ont fait pour la foi, ses plus illustres enfants.

C'est à Castres que Mathieu de France, prieur de la collégiale de cette ville, aperçut le Saint en extase, élevé de terre d'une demi-coudée ; il semble que le grand Patriarche affectionnât cette ville d'une manière spéciale, car il y venait souvent ; et l'on montre à quelque distance, une grotte

(1) Cant. ıv 12.

formée par des blocs erratiques, où d'après la tradition, il renouvelait les veilles, les supplications et les pénitences de la grotte de Ségovie.

La Bastide de Lévis, sur la route d'Albi à Lavaur, le vit opérer un de ses miracles. Il venait de passer le Tarn, et le batelier exigeait sans pitié, du pauvre de Jésus-Christ, le prix de son passage. Après avoir prié, le Saint lui montra une pièce de monnaie qui se trouvait sur le rivage. Ce qu'il n'avait pu payer n'ayant rien, Dieu le lui avait fourni.

C'est à N.-D. de la Drèche près d'Albi, que, d'après certaines traditions, St Dominique aurait reçu de Marie le don du Rosaire ; au moins paraît-il vraisemblable qu'il a été favorisé dans ce sanctuaire, d'une apparition de la Reine du Ciel, qui le traitait partout comme son enfant de prédilection.

Un de ses disciples, le B. Maurice se trouvait à Albi pour y prêcher, et il demeurait chez les Franciscains, parce que ses frères n'avaient pas encore de couvent dans la ville. Comment payer le tribut de la reconnaissance pour cette hospitalité que, dès lors, les Frères-Mineurs savaient si bien pratiquer envers les Frères-Prêcheurs ? Les fils de St-François n'avaient plus d'eau par suite de l'extrême sécheresse qui sévissait dans le pays ; le Serviteur de Dieu fit jaillir dans leur enclos une magnifique source qui existe encore.

Le sang dominicain a coulé à flots dans ces mêmes contrées : Albi, Carcassonne, Castres et Cordes, selon que le rapportent les anciens documents de la Province de Toulouse, furent longtemps, pour les Frères-Prêcheurs, le théâtre de grandes tribulations.

Plusieurs d'entre eux furent jetés dans un puits par les protestants, à Cordes.

Le B. Pierre Guillot et une quarantaine de Frères dont il était le Prieur, reçurent la palme du martyre à Castres, également par la haine des sectaires Calvinistes.

Et pendant la grande Révolution, encore à Castres, mourut sur la guillotine, le P. Dimbert, célèbre par ses prédications au peuple des montagnes. Une femme d'un certain rang, que le vertueux apôtre avait repoussée de la sainte Table à cause de sa mise immodeste, le dénonça à son mari, membre du comité révolutionnaire, et la peine capitale fut prononcée contre lui. Au moment de mourir, le héros de la foi donna sa montre au bourreau, en lui disant : « Porte-la à la ci-« toyenne qui a causé ma mort ; c'est un gage du « pardon que je lui donne. »

Le P. Barutel qui, d'une maison voisine, lui avait donné l'absolution, fut arrêté à son tour et enfermé dans la Chartreuse transformée en prison, où l'on eut la barbarie de le laisser mourir.

C'est encore un religieux du couvent d'Albi, le P. Alric qui, pendant la tourmente révolutionnaire, fut jeté par la fenêtre à St-Chinian dans le diocèse de Montpellier. Les fanatiques le firent périr en pure haine de la religion catholique.

S'il est vrai que « le sang des martyrs est une semence de chrétiens, » les sueurs et le sang répandus par saint Dominique et par ses fils, ne doivent-ils pas être une semence de Frères-Prêcheurs ?

Notre Célestin était destiné à justifier cette maxime, à être du nombre de ces rejetons glorieux. Il raconte lui-même à l'une de ses sœurs, comment il a pris enfin son parti, et comment son Directeur du grand séminaire, interprète pour lui de la volonté de Dieu, a sanctionné sa résolution :

Grand Séminaire d'Albi, 9 Avril 1878.

Ma très chère sœur Sagesse (1).

« Je vais te parler de vocation. Lorsque je t'é-
« crivis ma dernière lettre, je n'avais pas fait part
« de toutes ces confidences à mon père spirituel,

(1) Il appelle ainsi cette Sœur religieuse, parce qu'il la considère comme son ange du bon conseil.

« car je n'avais pu encore le voir en direction ;
« mais lorsque mon tour fut arrivé, j'allai avec
« bonheur le trouver, et je lui dis à peu près tout
« ce que je t'ai écrit à toi-même. Je lui avais bien
« déclaré, la première année, que je me sentais
« appelé vers un Ordre religieux, mais je ne lui
« en avais jamais nommé aucun, et il croyait
« que, depuis, cette idée m'avait quitté. Je lui
« découvris donc que je persévérais dans ma
« première résolution, que je me sentais porté
« aujourd'hui plus que jamais à entrer en religion.
« Alors il me parla chaleureusement des Pères
« d'*Ambialet* dont je t'entretenais moi-même
« autrefois à la maison ; car, ajouta-t-il, c'est un
« institut naissant qui paraît destiné à faire beaucoup
« de bien. J'écoutai avec attention et je répondis :
« M le Directeur, j'aime beaucoup ces Pères auprès
« desquels, chaque année, pendant les vacances,
« j'ai coutume de me rendre, pour demander à Dieu,
« par l'intercession de la sainte Vierge et de saint
« François d'Assise, la lumière sur ma vocation, et
« même le goût et l'attrait pour leur Congrégation.
« Vous savez d'ailleurs, ai-je continué, que je suis
« du Tiers-Ordre franciscain, et je vous assure que
« je sens une vive dévotion pour son grand
« Patriarche. Pourtant, jamais je n'ai éprouvé le
« désir d'entrer dans cette Communauté, malgré

« que j'y aie de bons amis, dignes de m'attirer à
« eux. »

« Alors j'exposai à mon directeur les motifs qui
« m'engageaient à entrer dans l'Ordre de Saint-
« Dominique. « Oh ! me dit-il, vous avez une
« vocation de choix. Les Dominicains, mais je les
« aime beaucoup ; j'ai un grand nombre de con-
« naissances dans cet Ordre illustre ; l'un d'eux
« vient de m'écrire. J'aime les Dominicains à cause
« de leur sainteté et de leur science. » Puis il ajouta
« que la grande sainte Thérèse avait fait une
« prédiction au sujet d'un certain Ordre religieux ;
« et que, d'après l'avis assez commun, c'était
« l'Ordre des Frères-Prêcheurs qu'elle avait voulu
« désigner, comme devant opérer dans les derniers
« temps, des œuvres encore plus grandes que lors
« de ses premiers jours (1).

(1) La sainte raconte qu'étant devant le Très-Saint-
Sacrement, un beau livre lui fut montré sur lequel étaient
écrites en caractères grands et très distincts, certaines
paroles, dont plusieurs relatives à un Ordre religieux ;
et elle ajoute : « J'y lus ces mots : — *Dans les temps à*
« *venir, cet Ordre sera florissant, et il aura beaucoup*
« *de martyrs.* — Une autre fois étant au chœur, à
« Matines, éclairée d'une semblable lumière, je vis devant
« moi six ou sept religieux de ce même Ordre tenant des
« épées en main ; ce qui veut dire, à mon avis, qu'ils sont
« appelés à défendre la foi. Car, dans un autre ravisse-
« ment, transportée en esprit dans une vaste plaine où se
« livrait un grand combat, je vis les religieux de cet
« Ordre, avec un visage admirablement beau et tout en
« feu, combattre si vaillamment, qu'ils renversaient à
« terre plusieurs de leurs ennemis, et en tuaient un grand

« O grand saint Dominique, daignez abaisser
« un regard de miséricorde sur un misérable pé-
« cheur qui demande à devenir membre de votre
« famille. Recevez-moi, tendre Père, dans votre
« maison ; adoptez-moi pour un de vos enfants.

« Et vous, à qui saint Dominique a confié les
« clefs d'un grand sanctuaire, ne m'en refusez pas
« l'entrée. J'y viens, non pour faire ma volonté,
« mais la vôtre. Et vous, frères en saint Domi-
« nique, je vous salue tous à l'avance et vous
« demande très humblement de m'accepter pour le
« plus petit de vos serviteurs.

« Vous aussi, filles de Saint-Dominique, je vous
« salue. Je veux être votre frère ; et je vous prie
« de me regarder déjà comme tel. O saint asile !
« séjour de délices ! douce retraite ! sanctuaire mille
« fois béni ; je me prosterne respectueusement en
« m'approchant de tes parvis, et je t'embrasse.
« Quand est-ce, ô mon Dieu, qu'il me sera donné
« de dire tout de bon, un éternel adieu au monde,
« et de pénétrer, accompagné par mon bon ange,
« dans le cloître de votre grand Serviteur ? Oh !

« nombre. Je connus que cette bataille était livrée contre
« les hérétiques. Leur glorieux Fondateur m'est apparu
« un certain nombre de fois et m'a dit plusieurs choses
« importantes. Il m'a témoigné me savoir gré des prières
« que je fais pour son Ordre, et m'a promis de me
« recommander à Notre-Seigneur. »

« que mon exil est long ! Car partout où je suis, je
« me trouve en contact avec le monde, et cependant
« je ne veux plus lui appartenir en rien. Adieu donc,
« monde frivole, je te quitte sans regret ; adieu,
« fragiles créatures, qui m'avez, hélas ! trop long-
« temps retenu ; je vous laisse avec plaisir, pour
« aller vers le Créateur. Adieu, vains amusements
« de la terre ; que vous êtes peu de chose ! que vous
« durez peu de temps ! et que vous êtes incapables
« de contenter mon cœur, puisqu'il n'est pas créé
« pour vous !

« Adieu enfin, chers parents, que mon départ
« plongera dans un abîme de douleurs. Adieu pauvre
« père que mon absence va peut-être précipiter
« dans la désolation. Dieu m'appelle, il faut que je
« me rende. Mais consolez-vous, je vous en prie ;
« je sais que vous n'avez cherché toute votre vie
« que mon bonheur ; eh bien ! votre fils sera heu-
« reux dans la nouvelle vie qu'il vient de se choi-
« sir. Adieu enfin, chers frères et chères sœurs ;
« vous êtes trop bons chrétiens pour vous affliger
« outre mesure de notre séparation. Notre mère
« vient de nous quitter, il a bien fallu se séparer !
« et nous savons que son sort, nous le subirons
« tous. Qu'importe donc le coin de terre que nous
« habitons ! Notre vie est si courte ! l'important est
« que nous nous sauvions.

« Je veux aussi vous dire adieu, à vous chers
« amis, compagnons de ma jeunesse ; à vous sur-
« tout qui avez partagé mes joies et mes travaux
« au petit séminaire. Je vous quitte avec peine ;
« mais réjouissez-vous, la plus grande partie de
« moi-même reste avec vous.

« Le Seigneur qui m'a créé et mis au monde, m'a
« dit : *viens ;* et j'ai répondu : *me voici.* Pouvais-je
« répondre autrement ? . . . .

« Pardonne-moi, ma sœur, il me semble que je
« suis déjà à la veille de mon départ, tant il me
« tarde que cet heureux jour arrive. Jour mille fois
« béni, hâte-toi. . . . . Cependant il faut encore
« attendre ; aussi les adieux que je fais ici, je les fais
« seulement dans le secret de mon cœur, car tout
« le monde, à Albi comme à la maison, ignore
« complètement mon dessein. »

Il devait attendre plus longtemps qu'il ne le sup-
posait alors. Car divers délais successifs furent
réclamés de lui par ses supérieurs et ses directeurs,
ce qui lui causait une sorte de martyre.

La Sagesse de Dieu le permettait pour confirmer
sa vocation et faire grandir sa vertu. Car, dit saint
Augustin, « les délais apportés aux projets de l'âme
« fervente, augmentent ses désirs et la rendent plus
« spacieuse pour recevoir le bienfait qu'elle implore. »
— « Celui qui n'est pas éprouvé, que sait-il ? disent

« aussi les saints Livres. L'acier est d'autant plus
« fort que la trempe a été meilleure ; et l'or est
« plus pur en sortant du creuset. »

M. le curé de Valence, avec une émotion con-
tenue et une noblesse de sentiments qui l'honorent,
résume parfaitement en quelques lignes, cette phase
de la vocation de son paroissien et de son protégé :

« Le jeune clerc, devant les obstacles survenus
« par la permission de Dieu, se soumit, mais n'en
« persévéra que plus fort dans ses desseins. L'é-
« preuve consolida cette vocation qui venait d'en
« haut. Quand elle cessa, le jeune diacre partit pour
« Saint-Maximin ; la famille Goulesque faisait
« un bien sensible sacrifice, mais elle donnait à
« l'Ordre de Saint-Dominique un bienheureux de
« plus pour le ciel. »

§ VI

Saint-Maximin. — Prise d'habit.
Une première tentation.

On vient d'entendre nommer Saint-Maximin.
C'est un lieu illustre dans les traditions évangéli-
ques, dans les annales de l'Église, et dans l'histoire des miséricordes de Dieu sur la France. Le

P. Lacordaire nous décrit ces gloires en termes incomparables :

« Dans une plaine vaste et profonde, terminée
« par les Alpes, saint Maximin avait bâti un ora-
« toire, par la même impulsion qui avait conduit
« Marie-Madeleine à la Sainte-Baume. Tous les
« deux, l'un dans la montagne, l'autre dans la
« plaine, pouvaient apercevoir la retraite où Dieu
« les avait rapprochés sans les distraire.

« Lors donc que l'habitante d'en haut sentit ve-
« nir l'heure de son rappel, elle fut, dit la tradition,
« portée par les Anges au bord de la Voie Auré-
« lienne, au point où cette voie coupait la route qui
« mène encore de la Sainte-Baume à Saint-Maxi-
« min. Un pilier célèbre, appelé *le Saint-Pilon*,
« rappelle au voyageur cette mémorable circons-
« tance du passage de la Sainte. A quelques pas de
« là, s'élevait le modeste oratoire de saint Maxi-
« min. L'évêque y attendait l'amie de son Maitre ;
« il l'y reçut, lui donna la communion du corps et
« du sang de Jésus-Christ ; et, prise du sommeil de
« la mort, elle s'endormit en paix. Saint Maximin
« déposa son corps dans un tombeau d'albâtre, en
« mémoire de cet autre albâtre où deux fois la
« Sainte avait renfermé le parfum dont elle oignit
« le Sauveur (1) »

(1) Vie de Ste M. Madeleine.

C'est sur ce tombeau que de grands princes
construisirent la basilique que l'on admire encore ;
« monument d'un art sévère où la grâce s'unit à la
« grandeur, et qui, dans cette plaine solitaire, au
« pied de ces monts ardus, entre ces habitations
« pauvres et peu nombreuses, paraît un vaisseau
« échoué par hasard et attendant la main puissante
« qui le lancera dans les flots (1). »

Ce magnifique sanctuaire du style ogival le plus
pur, fut confié à la garde des Frères-Prêcheurs,
de 1295 à la Révolution française ; et depuis,
l'homme de Dieu qui a gravé les lignes que nous
venons de lire, eut la consolation de ramener
dans les vieux cloîtres de Saint-Maximin, les
enfants de Saint-Dominique, bannis il est vrai, par
la persécution, depuis près de 70 ans, mais toujours
vivants dans les souvenirs et l'affection du peuple.
Le couvent fut désigné plus tard comme maison de
noviciat pour la province de Toulouse, ce qui
explique pourquoi l'aspirant de Valence, du fond
du Languedoc, tournait ses yeux vers la Provence,
comme vers une terre de salut.

Il y arriva dans le cours de Décembre, 1879.
Dieu, qui ne le ménageait pas, voulut, dès les
premiers jours, l'y visiter par l'épreuve. Ils étaient
là deux aspirants ensemble ; ils devaient recevoir

(1) Ibid

côte à côte le saint habit, l'un sous le nom de
Gabriel, l'autre, Célestin, sous celui de Raphaël ;
mais les diverses pièces que celui-ci attendait pour
être accepté régulièrement tardèrent à venir. Il en
fut attristé jusqu'aux larmes, tout en adorant les
desseins de Dieu. Enfin les papiers arrivèrent, et
peu de jours après il fut admis à recevoir le vêtement de Marie. C'est en effet des mains de la
Reine du Ciel, qu'en la personne du B. Réginald,
les Frères-Prêcheurs ont reçu leur vêtement sacré,
comme Dieu lui-même le rappela à sainte Catherine
de Sienne en lui disant : « Ton Père Dominique fut
« un flambeau que je donnai aux hommes par
« Marie, pour détruire les hérésies. Oui, ce fut par
« Marie, car c'est elle qui lui donna l'habit. Ma
« bonté lui en avait confié le soin (1). »

La vêture eut lieu, selon le cérémonial de l'Ordre,
dans le Chapitre, vieille salle gothique où tant de
vénérables personnages avaient autrefois instruit
nos Pères des maximes de la perfection. Conduit
au milieu de l'assemblée par le Père-Maître des
novices, Célestin se prosterna à terre, les bras
en croix, et il demanda *la miséricorde de Dieu et
celle de l'Ordre de Saint-Dominique*, c'est-à-dire,
l'admission à la prise d'habit. Le Prélat le fit lever,

(1) Dialogue CLVIII.

et lui adressa l'allocution ordinaire, dont voici les
principales pensées :

« Mon fils, votre demande comprend deux
« choses, la miséricorde de Dieu et la nôtre. Il n'est
« pas en nous de vous donner la miséricorde de
« Dieu, mais nous croyons bien que vous l'avez
« obtenue déjà, puisque le Seigneur vous a inspiré
« la pensée d'entrer dans la vie religieuse. Pour
« notre miséricorde, avant de vous l'accorder, il
« convient que nous vous proposions les conditions
« auxquelles vous pouvez l'obtenir, afin que vous
« compreniez ce que vous aurez à observer désor-
« mais, et que vous ne prétendiez pas un jour avoir
« été trompé, ne supposant pas qu'il y eût tant de
« choses ardues dans notre profession.

« Avant tout, il vous faudra observer les trois
« vœux de religion. Et d'abord, pour bien pratiquer
« la pauvreté, vous ne pourrez avoir la plus petite
« chose dont il vous soit permis de dire : *ceci est à*
« *moi ;* mais tout ce qui vous sera accordé demeu-
« rera à la disposition de votre Supérieur, qui pourra
« vous l'enlever quand il lui plaira, sans que vous
« ayez contre lui aucun droit. Afin de garder di-
« gnement la chasteté, vous devrez vivre dans un
« total renoncement aux plaisirs de la terre ; et
« vous vous efforcerez de devenir, à leur égard, in-
« sensible comme la pierre ou le morceau de bois.

« Quant à ce qui concerne l'obéissance, vous vous
« regarderez comme n'ayant plus aucune liberté,
« comme étant totalement soumis à l'autorité des
« supérieurs, et privé de votre propre volonté ; en
« sorte que si l'on veut vous garder en ce lieu, ou
« vous envoyer plus loin, à l'étranger, en Espagne,
« en Italie, à Rome, vous serez tenu d'obéir, sans
« avoir égard à votre bon plaisir.

  « Comme moyens pour mieux accomplir ces
« choses, la Religion a prescrit certaines pratiques
« salutaires. Et d'abord les jeûnes ; car vous serez
« astreint à jeûner tous les jours, le dimanche ex-
« cepté, depuis l'Exaltation jusqu'à Pâques, et cha-
« que Vendredi de l'année. Ensuite les abstinences,
« qui sont perpétuelles, sauf le cas d'infirmité et de
« permission légitime. Puis les veilles ; car, à
« l'heure où il vous serait agréable de dormir, il
« faudra vous lever pour aller aux Matines, ou
« pour accomplir d'autres obéissances. Cependant,
« comme la religion est discrète et ne demande à
« ses enfants que ce qu'ils peuvent, sachez que le
« Supérieur, pour de justes motifs, saura user
« envers vous d'indulgence en ce qui regarde les
« austérités, surtout les veilles et les jeûnes.

  « Et quand vous aurez bien fait toutes ces choses,
« vous recevrez, par surcroît, des réprimandes et
« des mépris ; il vous faudra porter des vêtements

3.

« déchirés et vils, et souffrir beaucoup d'incommo-
« dités : toutes choses très lourdes à la nature, mais
« auxquelles est réservée une grande récompense,
« la vie éternelle, que, de la part de Dieu, nous
« vous promettons fermement, si vous êtes fidèle.
« Déclarez-nous donc si vous vous sentez disposé
« à observer selon votre pouvoir tout ce que nous
« venons de vous proposer. »

L'aspirant répondit : *Je le veux ainsi ;* — Le
Prélat reprit : *Que le Seigneur qui a commencé,
achève son œuvre ;* — et toute la communauté
ajouta : *Amen.*

Alors on lui donna la tunique blanche et le
scapulaire blanc symboles d'innocence, puis la
chape noire symbole de pénitence et d'humilité.
Ensuite, toute la communauté marchant sur deux
rangs, le conduisit au chœur. Là, on jeta sur lui
l'eau bénite ; et tandis que le chœur chantait le *Te
Deum,* il embrassa tous les frères et revint au pied
de l'autel. Alors le Supérieur, pour lui marquer le
changement de vie dont son nouveau vêtement était
le symbole lui dit : « Dans le siècle, vous vous
« appeliez, *Célestin ;* en religion vous vous appel-
« lerez, *Frère Raphaël.* »

On ne peut mieux se représenter le bonheur du
nouveau Frère qu'en écoutant, dans une de ses
lettres, l'écho des impressions de son âme.

« O jour tant désiré : tu as enfin brillé ! Tu as
« porté la joie à mon âme et la paix à mon pauvre
« cœur. Sois à jamais béni !

« Vierge immaculée, que je vous suis redevable !
« Oui, c'est vous-même qui m'avez revêtu de la
« blanche robe du Frère-Prêcheur. Ah ! je vous en
« conjure, achevez l'ouvrage que vous avez bien
« voulu commencer. Sans vous je ne puis rien ;
« avec vous je puis tout. De bon cœur je me donne
« tout à vous, je vous fais hommage de tout ce qui
« m'appartient. Désormais donc guidez mes pas,
« Étoile de la mer, afin que je marche toujours en
« avant. Comme vous êtes bonne pour les pauvres
« pécheurs ! Marie, Marie, Marie ; je veux pronon-
« cer ce nom si aimable et si doux à mon cœur, à
« tout moment de la journée. Je m'endormirai le
« soir en redisant ce nom béni. Mes lèvres le
« murmureront encore lorsque le sommeil se sera
« emparé de moi ; et le premier réveil vous sera
« consacré, ô Marie. Faites-moi la grâce de vous
« louer tous les jours de ma vie, afin que je puisse
« vous posséder toute l'éternité. Mère affligée,
« abreuvée de douleurs, faites que j'aime votre
« divin Jésus crucifié, autant que vous l'avez aimé
« vous-même. »

Il ne tarda pas à ressentir les influences salutaires de cette dévotion envers la Reine du ciel,

dans une tentation que le démon lui suscita, cherchant habilement à le prendre par son côté le plus
impressionnable, l'affection pour la famille.

« C'était, raconte-t-il, aux premiers jours de
« mon entrée en religion, un soir de promenade ;
« j'avais beaucoup pleuré, pensant à mes parents,
« surtout à mon vieux père, que le démon me re-
« présentait comme mourant de douleur à cause de
« mon absence. » (Il était parti sans dire adieu à ce
pauvre vieillard, pour lui épargner les émotions
d'une séparation douloureuse.) « J'avais commu-
« niqué cette peine à mon Père-Maître, au retour
« de la promenade. Il écouta mon récit avec bonté,
« et me recommanda à la Consolatrice des affligés,
« à la Vierge Marie. Avant d'aller au chœur célé-
« brer le saint Office, nous nous réunîmes autour
« de l'image de l'Immaculée Vierge pour réciter ses
« Heures. Eh bien ! cette Mère compatissante
« daigna m'envoyer des consolations incroyables.
« Le lendemain, je me levai content et heureux, ne
« comprenant pas d'où pouvait me venir tant de
« bonheur, vu que la veille j'étais dans l'abattement.
« O Marie ! merci mille fois de votre bonté sans
« limite. »

Dès lors, sa reconnaissance et son amour pour
sa vocation n'eurent plus de bornes :

« O vocation sublime ! disait-il. J'ai le bonheur

« d'appartenir à un Ordre que la sainte Vierge pro-
« tège d'une manière toute spéciale ; je peux même
« dire qu'elle l'a fondé et qu'elle en est la Maîtresse.
« Oui, c'est bien vrai, la Reine du-Très Saint-
« Rosaire est la maîtresse de ce Noviciat. Quel
« honneur et quel bonheur d'appartenir à un tel
« Ordre ! De quelle félicité ne jouit-on pas sous la
« direction de la Reine du ciel ? O Marie, soyez
« mon guide désormais ; faites de moi tout ce qu'il
« vous plaira. Je ne veux plus avoir de pensées,
« plus de désirs, plus de soupirs que pour vous. »

Cette ferveur et cette reconnaissance, au lieu
de se démentir, allèrent toujours en croissant, et
facilitèrent beaucoup son progrès dans les diverses
vertus qu'il cultiva pendant son année de noviciat.

On donnera une idée de ces vertus dans le chapitre suivant.

CHAPITRE II

DEPUIS L'ENTRÉE EN RELIGION

DU F. RAPHAEL CÉLESTIN

JUSQU'A SON EXPULSION DE SAINT-MAXIMIN

---

§ I

Commencement du Noviciat. — Extérieur. — Règlement.

Entrer au Noviciat, c'est se déterminer à recommencer sa vie pour sortir de là, un homme de Dieu. Lorsqu'on a vécu plus longtemps, le travail, pour être plus difficile, n'en est que plus indispensable, si l'on veut devenir en vérité, par l'esprit, le cœur, la piété et les inclinations, un enfant de l'Ordre qu'on embrasse.

Pour que la transformation soit complète, l'extérieur et l'intérieur doivent être soumis au travail du Noviciat.

L'extérieur commence ; car il a été préparé sagement par le Fondateur, comme un tissu délicat dans lequel l'esprit de l'Ordre puisse se maintenir, circuler et se perfectionner. Il n'entre pas dans les limites étroites de cet opuscule de décrire en quoi consiste, sous ce rapport, la vie du novice Dominicain et du profès lui-même, puisque le novice apprend à exécuter par bonne volonté, ce qu'il devra faire toute sa vie, par obligation. Que si pourtant on désire en avoir au moins une esquisse, la voici :

C'est au milieu de la nuit que sa journée commence. La cloche l'éveille alors pour réciter, dans le dortoir, les matines du petit office de la Vierge, si le rite du jour y oblige, puis les matines du grand Office au chœur. Un repos de quelques heures succède aux louanges divines ; et, le matin, le novice est rappelé à l'église pour la méditation. Une série d'exercices commencent alors et se continuent pendant le jour : étude, Petites-Heures, messe chorale, repas de midi pour réparer les forces, récréation pour entretenir la charité fraternelle, silence en cellule, Vêpres, études nouvelles et méditation du soir. Les Complies terminent la journée. Après que tous les frères y ont joyeusement chanté le *Salve Regina*, ils vont prendre leur sommeil, rendu plus doux par la bénédiction de leur Mère, et par la conscience d'une journée bien remplie. Outre ces exercices conventuels, le novice en a d'autres, établis spécialement pour lui : l'étude de sa règle, celle du chant monastique, le travail des mains, la conférence spirituelle, etc. Toute sa journée enfin est absorbée par un ensemble de pratiques diverses qui n'ont qu'un but : faire de lui un bon *novice*, c'est-à-dire un homme *nouveau*.

Le frère Raphaël n'eut pas de peine à s'assujettir à tous ces exercices. Par nature, il aimait la régularité ; et les fils de Saint-Vincent de Paul, pendant son grand séminaire, avaient fait croître en lui l'estime pour les moindres prescriptions du règlement, de préférence à toute pratique de surérogation. Sa belle âme, du reste, lui rendait chère la société de ses frères, et quand il célébrait les offices divins, après le bonheur d'honorer Dieu, le plaisir de les aider était le plus puissant motif pour animer son zèle. Aussi, il fut partout et jusqu'à la fin, un homme de communauté, un modèle de régularité. Ce n'était pas seulement en lui une régularité matérielle, effet du caractère ou d'une sorte de routine ; il suivait tous les exercices en conscience, guidé par le sentiment du devoir ; et il cherchait à animer chacun d'eux par les intentions qui leur pouvaient le mieux convenir.

Sa formation ecclésiastique, à cet égard encore,

lui avait servi de préparation. Car, de même que, dans le milieu chrétien où il est élevé, le petit enfant respire partout, sans le savoir, les principes de la vraie vertu, de sorte qu'ils font partie de son esprit, de son cœur et de sa vie : de même dans le grand séminaire, que le vénérable M. Ollier appelle si justement *le Noviciat du Sacerdoce*, celui qui a des germes de vocation religieuse puise une sève admirablement appropriée à son avenir. Quand la main de Dieu le transplante, de cette pépinière ecclésiastique, dans le sol du monastère, il y apporte une foule de notions et de prédispositions qui l'aident singulièrement à prendre racine et à fructifier. D'autres âmes que Dieu arrache au siècle par un coup de grâce n'auront pas au même degré cet avantage, quoiqu'elles puissent le compenser par un esprit plus ouvert, une imagination plus riche, une volonté plus ardente, un cœur plus touché des choses de Dieu.

Choisi parmi les premiers, le jeune novice porta surtout son attention sur les points du règlement qui regardent le lever et le coucher, car il comprenait que si ces deux termes extrêmes de la journée sont bien sanctifiés, on a l'espoir fondé de ne pas s'éloigner de Dieu pendant le jour, ou le moyen de rentrer en paix avec lui le soir. Voici donc comment il s'efforçait de surnaturaliser ces deux actes quotidiens ·

« Au réveil, pour Matines, j'offrirai mon cœur à
« Jésus par l'Immaculée. Je demanderai à ce divin
« Maître de me supporter en sa présence pendant
« l'Office et de n'avoir pas égard à ma lâcheté, mais
« de regarder seulement ma bonne volonté. Je le
« supplierai par Marie, de m'accorder la vertu qui
« conviendra le mieux à mon état d'âme, parmi
« celles du Saint que l'Église me proposera; puis je
« baiserai la terre, et je dirai : *Memento, homo..* (1)
« et cette invocation : *Bénie soit la sainte et Im-*
« *maculée Conception de la Bienheureuse Vierge,*
« pour gagner les indulgences que peuvent mériter
« tous les membres de la Confrérie de l'Immaculée-
« Conception dont je fais partie. En me rendant au
« chœur, je réciterai le chapelet de l'Immaculée.
« Rentré dans la cellule après les Matines, je bai-
« serai avec amour les cinq plaies de Notre-Seigneur
« Jésus-Christ, sur le crucifix que je porte au cou ;
« je baiserai aussi toutes les médailles que j'ai le
« bonheur de garder sur moi, en disant une invo-
« cation. Je remettrai mon âme entre les mains de
« mon Dieu par l'*In manus tuas Domine*, et entre
« celles de ma Mère, par l'*In manus tuas Virgo*
« *Maria..* (2) Je la prierai de me bénir et de bénir

---

(1) Souviens-toi, ô homme, que tu es poussière et que
tu retourneras en poussière. (*Off. du Jour des Cendres.*)

(2) Entre vos mains, Seigneur... Entre vos mains, Marie, je remets mon âme.

« aussi mes supérieurs et tous mes frères. J'invo-
« querai ensuite les Saints de notre Ordre, sainte
« Thérèse, mon Ange gardien ; et je tâcherai enfin
« de prononcer, jusqu'à ce que le sommeil vienne
« paralyser ma langue, les noms très suaves de
« Jésus, Marie, Joseph. »

Notre frère remarqua avec bonheur que, depuis
qu'il faisait ces prières et autres avant de s'endor-
mir, le démon ne venait plus troubler son sommeil
par des rêves importuns, dont il avait tant gémi
dans le monde.

Pour le deuxième réveil, qui commence la journée proprement dite, il s'était proposé la méthode
suivante :

« Je me lèverai au premier signal en prononçant
« les mêmes paroles que prononça Notre-Seigneur
« quand il entra dans le monde : *Ecce venio, ut
« faciam, Deus, voluntatem tuam* ([2]). — En m'oc-
« cupant des soins du corps, je réciterai le *Salve,*
« *Regina*, pour mettre la journée sous la protection
« de Marie. Je réciterai encore, puisque j'ai expé-
« rimenté que j'en trouve le temps, les prières du
« Cordon de Saint Thomas, ou de la Milice Angé-
« lique, et je me rendrai avec empressement à l'o-
« raison du matin. »

(1) Voici que je viens, mon Dieu, pour faire votre volonté. (*Hebr.* x. 9.)

« Le soir, avant de me mettre au lit, je deman-
« derai pardon à Dieu, à genoux devant le crucifix,
« devant l'image de l'Immaculée et devant celle de
« notre glorieux Patriarche, saint Dominique, de
« toutes les fautes de ma jeunesse, principalement
« de telles..... J'offrirai à Dieu le Père, en
« expiation de ces nombreuses fautes, les mérites
« infinis du Sang de son divin Fils. Je supplierai
« l'Immaculée, mon bienheureux Père, ma Mère,
« sainte Catherine de Sienne, sainte Marie-Made-
« leine, saint Joseph, saint François d'Assise,
« sainte Thérèse et tous les saints de notre Ordre,
« de prier Jésus pour moi, et d'obtenir mon pardon,
« afin que si je venais à mourir pendant la nuit, au
« jugement redoutable, je fusse absous de mes
« crimes et reçu dans la Patrie. Je baiserai ensuite
« cinq fois la terre, en l'honneur des cinq Plaies de
« Notre-Seigneur ; sept fois en l'honneur des sept
« douleurs de Notre-Dame ; et je me mettrai au lit. »

Toutes ces petites prières et ces diverses pratiques, vu la facilité et le goût qu'il y trouvait,
n'avaient rien de contraint, ne lui prenaient que
quelques minutes de temps, et ne portaient aucun
préjudice aux heures du sommeil ; car les novices
ne doivent jamais les abréger pour donner cours à
leur dévotion, si surs qu'ils se croient de pouvoir
le faire sans nuire à leur santé.

Dans une instruction, il avait entendu raconter comment, du temps de saint Dominique, la bienheureuse Vierge Marie visitait les frères pendant leur repos et les bénissait ; et l'on avait ajouté que tout bon novice pouvait espérer de recevoir à son tour la bénédiction de la miséricordieuse Vierge, surtout si pendant le jour il avait parlé de ses gloires, ou fait quelque acte d'amour envers son Fils crucifié. Il s'appliquait, par sa conduite dans la journée, à mériter cette faveur ; et, le soir, faisant un heureux usage de son imagination, il se représentait Marie se promenant dans le *Dormitorium* du noviciat avec l'Enfant Jésus, s'arrêtant devant sa cellule, si indigne qu'il s'en estimât, et le bénissant. Puis, il jetait lui-même de l'eau bénite sur son lit ; et mêlant les pensées les plus austères à ces images gracieuses, il s'étendait sur sa pauvre couche de bois comme dans un cercueil ; là, il pensait à la mort, priait encore une fois Marie et lui disait : « C'est entre vos mains que je remets « mon âme ; mon corps, daignez me garder. »

Quelquefois avant de s'en dormir, comme souvent pendant la journée, il faisait une sorte de visite à ses divers Saints de prédilection, et devant chacun il disait : « O Saint... rendez-moi chaste, « humble et obéissant ; » ensuite, il lui demandait sa bénédiction. En s'endormant dans ces pensées, il trouvait un sommeil paisible qui ne l'appesantissait point, et le laissait disposé à reprendre ses oraisons, dès les premiers instants du réveil.

§ II

Vie intérieure du Frère Raphaël. -- Sa simplicité.

« Si le frère Raphaël a fait en peu de temps de grands progrès dans la perfection religieuse, dit un des témoins de sa vie, il l'a dû en grande partie à sa simplicité. »

Ce nom désigne en effet, une rare et précieuse vertu. Celui qui la possède ne se doute pas du don qu'il a reçu, tant elle s'est identifiée avec le fond de son âme ; le savant chrétien qui veut la définir se trouve embarrassé, car il ne saisit pas en elle de parties qui la composent, et permettent de l'analyser facilement. Mais quiconque la voit passer la reconnaît, du premier coup d'œil, à ses œuvres. Le but qu'elle choisit est un, vrai, bon, pratique. Elle n'accepte que des moyens qui vont droit à ce but, et qui s'allient aisément entre eux. La manière dont elle les emploie n'a rien d'affecté ni de tourmenté ; en agissant, elle évite les retours sur elle-même, et ne se préoccupe guère des jugements humains ; quand elle a fini son travail, ayant fait de son mieux, elle ne remet plus en question le passé, ne s'inquiète pas de l'avenir, mais se repose paisiblement en Dieu. — Voir une âme qui est ainsi disposée, c'est l'aimer.

Tout avait préparé le frère Raphaël à exceller dans cette vertu de simplicité : sa nature droite et sincère, la vie des champs qui avait été longtemps la sienne, et l'esprit patriarcal de sa famille. La grâce de Dieu répandant ses influences sur une terre si bien disposée, n'eut donc pas de peine à faire éclore et fleurir la qualité dont nous parlons. Et son noviciat, en commençant dans le mois de la Sainte-Enfance, en reçut, par surcroît, un reflet, de candeur, un parfum sensible, qui se conservèrent jusqu'au bout.

A l'égard des supérieurs, son attitude se distinguait par une simplicité qui facilitait étonnamment sa direction. Quand il recevait un ordre, qu'il l'accomplissait, qu'il rendait compte de son intérieur, on la trouvait répandue dans sa manière d'agir ; elle brillait tout entière dans le moindre de ses regards. Quels que fussent ses supérieurs et les procédés divers tour à tour employés par chacun d'eux, il allait droit au principe unique qu'ils représentent et auquel il *croyait* sans réserve, celui de l'autorité divine parlant par leur organe, celui de la grâce surnaturelle agissant fortement sur les âmes par leur intermédiaire. A cette lumière, il trouvait dignes d'attention leurs conseils les plus ordinaires, il était sûr de rencontrer la vertu d'en haut dans les prescriptions les moins explicables selon le sens humain, il éprouvait les consolations de la grâce dans les choses les plus pénibles à la nature.

C'est en suivant cette voie, qu'il se rendit capable, au milieu des circonstances les plus diverses, de marcher vers Dieu sans contention d'esprit, sans embarras dans la conduite. Pour bien des sages, même dans les monastères, ces maximes si consolantes demeurent incomprises ; ils n'y voient que le produit d'un mysticisme arbitraire, exagéré, ridicule [1]. Heureux le simple de cœur ; Dieu se plaît à lui révéler ces choses, et il y trouve l'intelligence, l'énergie, la facilité, la joie du bien.

Notre novice fut simple envers ses frères. Car, en traitant avec eux, il allait droit au principe de la charité, qui lui montrait sur leur front le caractère d'enfants de Dieu et d'enfants de St-Dominique. Dans ses entretiens avec eux, son langage était sans dissimulation, sans apprêts et sans retours sur lui-même. Fallait-il leur rendre service?

(1) Deridetur justi simplicitas (Job. XII. 4.)

il s'y portait sans se faire prier, comme instinctivement, et ensuite il paraissait n'avoir rien fait (1).

De cette simplicité envers eux, découlait cette
autre belle qualité, signe manifeste d'une âme
bonne et grande, l'estime d'autrui, l'admiration
pour le bien. Le pieux frère ne voyait jamais le
mal, il ne pouvait supposer une arrière-pensée
dans les autres ; sa propre grandeur d'âme et sa
bonté lui servaient à son insu de mesure ; et il lui
était comme naturel d'envisager tout d'abord le
côté favorable des personnes et des choses. C'est
pourquoi il estimait et aimait si aisément ses frères,
et les regardait comme des anges, auprès desquels
il se croyait indigne d'habiter.

Au milieu de ce respect et de ces prévenances
qu'il avait pour tous, si l'on pouvait discerner en
lui quelque préférence, elle était pour ceux qui dé-
butent dans la vie religieuse et possèdent dans sa
fraîcheur, la grâce de l'enfance spirituelle. C'est
pourquoi, après sa profession, les jours où les novices
simples et les étudiants sont autorisés à passer la
récréation ensemble, il se plaisait à se mêler aux
premiers pour dire avec eux le Petit Office. Son but
était de s'édifier ; mais sans le savoir, il édifiait
bien davantage lui-même.

(1) Qui tribuit in simplicitate. (Rom. xii. 8.)

Une telle estime pour la simplicité contribua sans doute à développer ses attraits vers l'Ordre de Saint-Dominique, car elle entre dans le caractère du grand Patriarche et de ses vrais imitateurs. Ils aiment cette sincérité dans les paroles, cette droiture dans la conduite, cette aisance dans les manières, cette aménité et cette joie habituelles, qui sont des conséquences de la simplicité de cœur (1). Les pratiques monastiques que le Saint a choisies ont la même physionomie ; le mode de gouvernement qu'il a mis en vigueur est marqué du même cachet. Le frère Raphaël, par un aperçu qui ne manque peut-être pas de justesse, croyait le retrouver jusque dans la doctrine de l'Ordre. Pendant une de ces conversations familières, où chacun, dans les questions qui ne compromettent ni l'autorité, ni la charité, manifeste ingénument et sans apprêts ce qui lui vient à la pensée, il faisait cette réflexion : « Le caractère de la doctrine de saint Thomas que nous étudions, est la simplicité ; aussi je ne trouve pas que ce serait faire un grand compliment à l'un de nous, que de l'appeler *subtil.* »

Avec Dieu, il lui était plus facile encore de pratiquer sa vertu de prédilection. Car si la simplicité

______

(1) In simplicitate cordis lætus obtuli universa. (I. Par. XXIX. 17.)

convient à l'homme comme une des suites de sa petitesse, elle appartient à Dieu comme un attribut de sa perfection infinie, de son être sans limites. Ces deux simplicités si différentes, s'appellent et se donnent l'une à l'autre ; et il est difficile de dire tout ce que l'âme doit y gagner, son commerce avec Dieu en devenant plus facile et plus intime (1).

C'est ce que le frère Raphaël eut le bonheur d'éprouver. La simplicité était son guide dans l'oraison et le conduisait directement au terme, à la connaissance du vrai, à l'amour du bien. En effet, il est écrit : « Bienheureux ceux qui ont le cœur pur, car ils verront Dieu (2). » En vain, chercherait-on dans les notes de ses méditations une manière bien particulière de prier, un penchant déclaré pour quelqu'une de ces méthodes excellentes il est vrai, afin de contenir et d'utiliser les facultés de l'homme, mais où l'art et le mécanisme jouent encore le rôle prépondérant. Le frère Raphaël, sans avoir reçu des dons extraordinaires, parvient à suivre dans l'oraison, la marche des Saints, celle, en particulier, de notre bienheureux Patriar-

______

(1) Cum simplicibus sermocinatio ejus. Prov. iii. 32.

(2) Le vénérable M. Ollier, cherchant la cause des dons divins accordés à sainte Gertrude, affirme qu'elle est dans son *esprit d'enfance*, qui suppose la simplicité.

che Dominique. Toutefois, cette grande facilité à se recueillir, et à saisir de suite le terme de l'oraison est une récompense de ce qu'il se montre très fidèle à la préparer, et de l'application qu'il met à se tenir dans l'union actuelle avec Notre-Seigneur. Grâce à cette habitude, sa méditation, quoique soigneusement ordonnée conformément aux leçons des auteurs ascétiques, lui laisse suivre avec abandon les mouvements de l'Esprit-Saint. Il va à Dieu simplement, sans retards sans détours; il y va par inspirations, par soupirs, par regards, par bonds du cœur; et comme il sait chercher son Bien, il le trouve partout et toujours. Non seulement il converse avec Dieu pendant les heures consacrées à la méditation; mais un simple signe de convention, tel que de mettre la main sur son cœur, l'y ramène du milieu même des entretiens et des actions les plus indifférentes. L'étude, loin de le détourner de l'union intime avec le Seigneur, est un secours de plus, car il y découvre les beautés de la foi, et il se réjouit devant la perspective qu'il deviendra peu à peu, par la science, capable de travailler un jour au saint ministère. Aussi il sort de classe toujours plus ami de Dieu et des âmes. Les prières vocales qu'il récite dans le courant de la journée entretiennent le foyer que le Saint-Esprit a allumé en lui. La psalmodie de l'Office divin, le chant de la messe, les cérémonies de l'autel sont autant de puissances qui réveillent les harmonies intérieures de son âme ,rendent sensibles à ses yeux les mystères de la puissance et de la bonté infinies. En un mot, sa vie entière devient cette oraison parfaite que le Sauveur recommande de pratiquer toujours et de ne cesser jamais (1).

Toutefois, si variée que soit sa manière de prier, c'est à sa Mère du ciel qu'il s'adresse d'abord, en toute simplicité. Constamment il a recours à elle, il lui raconte ses dispositions avec candeur, lui réfère de tout ce qui intéresse son âme, lui fait partager le poids de ses peines, sans avoir le moindre doute qu'elle puisse, qu'elle veuille le consoler et exaucer ses demandes. En un mot, il est toujours à ses pieds pour demander ou pour remercier ; elle est donc l'*alpha* et l'*omega* de toute sa vie religieuse. Avec Marie, en effet, si petit que soit le religieux, si simples que soient ses débuts, à quelle humilité, à quelle obéissance, à quel esprit d'oraison, à quelle perfection enfin ne parviendra-t-il pas?

(1) Oportet semper orare et non deficere. (Luc. xviii. 1.)

4.

§ III

Son humilité.

La simplicité arrivée à un certain état d'épanouissement, est un don de Dieu ; l'humilité est une vertu laborieusement acquise. Tous nos grands Saints ont excellé dans cette vertu ; et plus leur ministère apostolique devait étendre au loin ses rameaux, plus l'Esprit de Dieu les portait à s'enraciner profondément dans la terre de l'humilité.

Notre saint Patriarche Dominique n'était jamais plus content que lorsqu'on le méprisait ; et si, pour arriver à quelque pays, il avait le choix entre deux chemins, il préférait celui dans lequel il avait reçu des injures, espérant retrouver la même bonne fortune. Son humilité se trahissait partout dans sa manière de conférer avec les séculiers ; parmi ses frères, il se faisait le plus petit de tous, il s'appliquait aux emplois les plus bas du monastère, et il aimait à aller quêter de porte en porte, pour la subsistance de ses religieux. En approchant d'un pays, il craignait d'y attirer la malédiction de Dieu par ses péchés, et il le suppliait de détourner ce malheur. — Saint Thomas d'Aquin parvenu au faîte de la domination doctrinale, une de celles qui peuvent le plus subtilement et le plus fortement enivrer un cœur humain, ignorait même ce qu'était une tentation d'orgueil (1). — Saint Vincent Ferrier accueilli dans ses missions comme jamais ne le fut triomphateur terrestre, au point qu'il fallait l'entourer d'un grand cercle de bois pour que la foule enthousiaste ne l'étouffât point, voyait, il est vrai, la vaine complaisance rôder autour de son âme ; mais il en plaisantait plus qu'il n'en tremblait, disant : *Elle va, elle vient, mais ne s'arrête pas.* — Tous nos Bienheureux ont été animés du même esprit ; et regardant l'orgueil, selon l'expression de l'un d'entre eux, comme le *vice subtil*, ils n'épargnaient rien pour le ruiner à fond, dans leur cœur et dans le cœur de leurs disciples.

Le frère Raphaël voulut être un de ces disciples. Il sentit de suite la difficulté du travail, mais il résolut de la vaincre à tout prix :

« Voici, disait-il, ce que je ressens d'une maniè-
« re particulière depuis hier. D'un côté, je suis en
« proie à la violence inconcevable de l'orgueil qui
« est en moi ; de l'autre je me sens prêt à souffrir
« toutes sortes d'humiliations, quoique je sois bien
« sûr d'avance que j'en serai froissé, brisé ; et,
« dans ce que j'éprouve, je ne puis m'enpêcher

(1) Pestiferæ superbiæ nunquam persensit stimulum. (Off. S. Th.)

« d'admirer la toute-puissance de Dieu. C'est un
« vrai miracle, que Notre-Seigneur ait pu me
« donner cette disposition, si imparfaite qu'elle
« soit encore; oui, mon cœur saignerait si je me
« voyais méprisé, maltraité ; j'éprouverais en moi
« un terrible combat ; et pourtant, je prévois aussi
« que ce supplice même aurait sa douceur, et que
« ce pourrait être une joie bien douce que de me
« voir ainsi foulé aux pieds. Oh! que mon Dieu est
« bon ! qu'il est bon de me faire ainsi entrevoir la
« suavité des abaissements et des humiliations !
« Mais moi, que je suis méchant ! ! ! »

Il comprenait donc bien que se vouer à l'humilité, c'est s'anéantir, c'est accepter une espèce de
mort, comme condition fondamentale pour établir
en soi la vie de Dieu :

« La perfection religieuse, poursuivait-il dans le
« mois de mars, consistant à *mourir* et à *vivre*,
« mourir à la nature, et vivre à la gráce, je m'ef-
« forcerai, pendant ce mois de saint Joseph qui
« commence, de renoncer toujours à l'amour-pro-
« pre. Je ferai chaque jour une prière au saint
« Époux de Marie, afin d'obtenir de sa puissante
« intercession, pour tous mes frères, la persévé-
« rance dans leur vocation dominicaine. A chaque
« instant, je dirai : Jésus, Marie, Joseph, je veux
« vous aimer davantage : faites que je sois un saint.

« Puisque, d'après saint Thomas, pour être un
« saint, il suffit de le vouloir, je serai un saint parce
« que je le veux, *Volo*. »

Pour arriver à la destruction de l'orgueil et
asseoir l'édifice de l'humilité sur des convictions
éclairées, il commença par méditer la nécessité et
les excellences de cette vertu : « O mon Jésus,
« pensait-il dans l'oraison, est-ce à vous à vivre
« dans une humilité si incroyable ? O Dieu ! quel
« mystère ! O Marie ! aidez-moi à le comprendre
« à fond. Sans l'humilité, mais l'humilité *vraie*, je
« ne serai jamais un bon religieux, je ne pourrai
« jamais faire le moindre bien, parce que Dieu ré-
« siste aux orgueilleux, *Deus superbis resistit* (1) ;
« et si je n'ai votre secours, ô mon Dieu, si au con-
« traire vous me résistez, que puis-je ? absolument
« rien. Je l'ai encore éprouvé d'une manière péni-
« ble pour ma nature orgueilleuse, ce matin même.
« J'ai osé parler avec suffisance à mon Père-Maitre.
« J'ai tenté de lui résister, moi, misérable ! **Ah**
« **Seigneur**, malgré les fautes que j'ai commises en
« cette circonstance, je vous remercie de toute mon
« âme de m'avoir fourni l'occasion d'humilier un
« peu, en cela, mon orgueil. Mais, je vous en prie,
« accordez-moi une grâce, ô Marie : c'est de mettre
« vous-même, sur mes lèvres, les paroles que je

(1) Jac. iv. 6.

« dois prononcer quand je rencontre des circons-
« tances pareilles. »

« Puisque la vertu d'humilité procure de si grands
« biens, et que je suis loin d'en posséder le plus bas
« degré, je travaillerai uniquement à acquérir cette
« solide vertu, et pour cela, je me regarderai tou-
« jours comme le plus grand des pécheurs. Me
« voyant si misérable, je ne désirerai que le mépris,
« et je me soumettrai volontiers, même avec re-
« connaissance et amour, à tout ce que la divine
« Providence voudra bien m'envoyer de fâcheux. »

Ces réflexions, dans leur brièveté, étaient excellentes et judicieuses. Mais, comme, en fait d'humilité, selon la réflexion de saint François de Sales,
*une once d'action vaut mieux qu'une livre de con-
sidération*, il prit les résolutions que voici :

« 1° Chaque jour, (car je manque chaque jour à
« l'humilité, tant je suis superbe, tant l'orgueil est
« enraciné dans mon cœur), chaque jour, donc, je
« mortifierai et humilierai mon corps par une péni-
« tence ; j'ai commencé hier au soir (1).

« 2° Chaque jour je ferai mon examen sur l'hu-
« milité ; je viendrai dire à mon Père-Maître les

(1) Les auteurs spirituels les plus profonds remarquent
combien la mortification corporelle est propre, (pourvu
qu'elle ne s'écarte pas de l'obéissance,) à chasser le démon
de l'orgueil. Il a dans la chair corrompue une sorte d'asile,
et il ne peut supporter qu'on ose l'y maltraiter comme un
esclave.

« fautes que j'aurai commises contre cette vertu
« fondamentale, et je le prierai de m'en bien punir. »

« 3° Chaque jour j'offrirai à Jésus par l'Imma-
« culée, l'action qui coûtera le plus à ma nature,
« afin d'obtenir la précieuse vertu d'humilité.

« 4° Tous les jours, en récitant le saint Rosaire,
« je chercherai, dans la méditation de chaque mys-
« tère, le point de vue propre à m'incliner le plus
« vers l'humilité.

« 5° La considération de l'humilité de Jésus et
« de Marie me portera à devenir doux et aimable
« envers mes frères. Je les regarderai comme beau-
« coup plus avancés que moi, (et il le sont en effet)
« dans la perfection ; aussi, lorsqu'ils auront la
« bonté de m'avertir de quelque manquement, je
« les en remercierai et je prierai pour eux.

« 6° Je ne parlerai jamais de moi.

« 7° Par cette humilité, non seulement je sup-
« porterai avec une entière résignation les légères
« épreuves qu'il plaira à la divine providence de
« m'envoyer, mais encore je les désirerai, je sou-
« haiterai les humiliations. Si la tentation persiste,
« après l'avoir découverte à mon guide spirituel, je
« la manifesterai à ma Mère qui m'a toujours con-
« solé, et parfois d'une façon, je dirai, miracu-
« leuse.

« 8° Afin de pratiquer l'humilité d'une manière

« plus parfaite que je ne l'ai fait jusqu'ici, toutes
« les fois que mon Révérend Père aura la bonté de
« m'avertir de quelque faute, je ne dirai absolu-
« ment rien, quand même j'aurais agi par ordre ou
« permission d'un autre supérieur. J'en ferai autant
« pour le Père Sous-Maître.

« 9ᵒ Je demanderai à Dieu cette même vertu
« d'humilité pour mes frères, au nom de la sainte
« obéissance.

« Voilà ce que je me propose de faire, avec la
« permission et le secours de mon supérieur. Qu'un
« cœur doux et humble est quelque chose de tou-
« chant ! Il a plu au bon Dieu de me laisser entre-
« voir la beauté de ce cœur, aussi ; depuis ce mo-
« ment, je donnerais mille vies pour devenir doux
« et humble de cœur.

« O mon Père, disait-il, à son directeur, pressé
« par ces mêmes attraits, je vous en supplie, op-
« posez-vous sans cesse à ma mauvaise nature ;
« refusez-moi souvent les permissions que j'aurai
« occasion de vous demander ; ne faites jamais
« aucun cas de moi ; faites-moi toujours passer le
« dernier pour tout ; ne me recevez chez vous que
« lorsque vous le jugerez à propos pour le bien de
« mon âme, et souvent faites-moi baiser la
« terre. »

Enfin comme la prière est un grand secours pour

réussir dans ce travail, qui a quelque chose d'héroïque, il priait ainsi :

« O mon Jésus, c'est uniquement pour votre « gloire et celle de votre sainte Mère, que je veux « faire tous les efforts dont je serai capable afin de « me corriger de mes nombreux défauts, et d'ac- « quérir les vertus contraires. Je suis orgueilleux, « je soumettrai toujours mon propre jugement à « celui de mes supérieurs, et même à celui du der- « nier de mes frères. Cela me conduira, je l'espère, « à la sainte vertu d'humilité que vous aimez tant, « ô mon Jésus, et que je possède si peu ! » Quelque- fois il récitait cette invocation plus courte: « Jésus, « miséricorde ! guérissez-moi de cet orgueil qui « m'aveugle. »

Il se sentit encore plus porté à l'humilité par ce que raconta aux novices le Père Provincial, au mois de mai 1880, à son retour de Rome. Il avait été reçu en audience par le Saint-Père, et Léon XIII, en lui recommandant d'inculquer aux novices l'a- mour de l'étude, lui avait signalé l'orgueil comme un de leurs principaux dangers : « Il faut terrasser la Superbe, » avait dit le Pape en faisant un geste dominateur. — Le frère Raphaël prit cette recom- mandation du Vicaire de Jésus-Christ comme lui venant de Dieu même, et il redoubla ses efforts pour devenir un modèle d'humilité.

§ IV

Son obéissance.

Plusieurs fois on a vu, dans les prières et les résolutions du frère Raphaël, la vertu d'obéissance associée à celle d'humilité. Elles se tiennent, en effet, de très près, dans notre vocation surtout.

Toute vocation religieuse, il est vrai, réclame l'obéissance comme constituant le plus essentiel des vœux ; et réciproquement, le manque d'humilité est le principal obstacle à la subordination. Enlevez, au contraire, l'orgueil, la susceptibilité, l'amour de soi, sous toutes ses formes, et l'obéissance devient facile.

Mais, de même qu'on a remarqué que le religieux apôtre a plus besoin que tout autre religieux de l'humilité, ainsi l'on peut affirmer qu'il doit se tenir plus fortement à l'obéissance. Elle lui est nécessaire d'abord au point de vue de l'action extérieure, pour faciliter à ses supérieurs la direction générale du ministère apostolique auquel il participe ; elle lui est plus nécessaire encore au point de vue intérieur, pour le mettre pleinement dans le courant de grâce qui est sa principale force pour la conversion des pécheurs et pour la sanctification des justes. Rien d'étonnant donc que le frère Raphaël, en sa qualité d'apôtre par le désir, s'appliquât fortement à cette vertu et pratiquât à la lettre ce qu'on lui en avait dit lors de sa prise d'habit (1). Mais nous avons vu qu'il voulait se consacrer aux missions étrangères : motif plus puissant encore pour lui, de s'exercer à un parfait esprit d'obéissance. Car, sur ces plages lointaines, en dehors des conditions normales de la vie religieuse, et des règles de conduite déterminées par les lois de l'institut pour le gouvernement ; au milieu de mille incidents divers qui surgissent à chaque pas et qui ouvrent l'accès aux appréciations les plus contradictoires, l'esprit propre, fils de l'orgueil, a le champ beaucoup plus libre. Le zèle même que l'on doit aux âmes devient un prétexte d'autant plus spécieux qu'il est plus saint, pour se soustraire à la pleine direction des chefs légitimes. Pourtant, sur une barque lancée si loin dans la haute mer, la parfaite dépendance du pilote n'est-elle pas plus nécessaire que partout ailleurs ?

Le fervent religieux, l'aspirant aux missions le comprit. Aussi, au lieu de se repaître l'imagination de tableaux dramatiques lui représentant un apostolat lointain plus ou moins chimérique, il s'exerça sans trêve à l'obéissance. Elle était presque con-

(1) P. 43.

sommée en lui, car on ne l'a jamais surpris man-
quant à la règle. Non seulement il ne s'est jamais
plaint des commandements qu'il a reçus, mais il
tressaillait de joie chaque fois qu'un sacrifice lui
était demandé. Il ne se contentait même pas d'obéir
avec empressement à la volonté des supérieurs,
dès qu'elle lui était manifestée, il allait au-devant,
et devinait leurs intentions pour en faire sa loi :
« Le Père-maître a dit ceci, le Père-maître veut
cela, » telles étaient les paroles qui revenaient sans
cesse dans sa bouche, pour trancher sans réplique
tout doute sur ce qu'il fallait faire ou éviter. Cette
obéissance si entière procurait à son âme une sérénité inaltérable qui rayonnait à l'extérieur et l'en-
tourait comme d'une auréole de bonté et d'aimable
gaieté.

Quelque sévères que fussent ses examens de
conscience ordinaires, quand il les faisait sur cette
vertu, il réussissait difficilement à se trouver en
faute, comme le montre l'extrait suivant : « Après
« avoir médité sur la sainte obéissance, et
« avoir relu mes dernières résolutions au sujet
« de cette vertu, voici ce que je crois avoir
« remarqué. Pendant le mois, j'ai tâché de prati-
« quer ce grand vœu ; et il ne me souvient pas
« d'avoir manqué à la sainte règle par ma faute.
« J'ai fait plusieurs choses uniquement pour obéir,

« sans en connaître ni les motifs, ni les raisons ;
« sans même avoir eu l'idée de les demander. Mais
« pour ce qui regarde mes progrès dans la perfec-
« tion, je n'ose rien dire. Je me sens encore acca-
« blé sous le poids immense des défauts dont je suis
« rempli. »

Un de ces manquements purement intérieurs tels
qu'en font les meilleurs religieux, puisqu'il est
écrit que « le juste est sujet à tomber sept fois le
jour (1), » devint pour notre frère, l'occasion d'un
acte bien édifiant de componction et de ferveur.
Voici comment il se confesse de sa faute :

« Le 19 avril au matin, ayant eu le malheur de
« tomber dans une infraction contre la sainte
« vertu d'obéissance, j'en ai conçu une grande dou-
« leur et j'ai fait le serment qui suit :

« Jésus, Marie, je veux vous aimer ! ! !

« Moi, frère Raphaël, par un don purement gra-
« tuit de la miséricorde infinie de mon Dieu, et par
« une grâce singulière de la bonté de Marie Imma-
« culée, ma bonne mère, novice simple des Frères-
« Prêcheurs, après être tombé dans une faute con-
« tre la sainte obéissance, je promets et jure à
« Notre-Seigneur Jésus-Christ, parfait obéissant
« jusqu'à la mort de la Croix (2), et à sa sainte

(1) Prov. xxiv. 16.
(2) Phili. ii. 8.

« Mère, la très obéissante Marie, qu'à partir de ce
« jour, 20 avril, fête de sainte Agnès, notre sœur
« en Saint-Dominique, je ne consentirai plus, avec
« la grâce divine, à la moindre faute délibérée
« contre la vertu d'obéissance ; mais que j'obéirai
« toujours à mon Père-Maître comme tenant la
« place de Notre-Seigneur et celle de sa sainte
« Mère. Je lui obéirai : 1º avec promptitude ;
« 2º avec piété ; 3º avec liberté ; 4º avec simpli-
« cité ; 5º avec joie ; 6º avec courage ; 7º enfin,
« avec persévérance.

« Si un jour j'oubliais cet engagement, (ce que
« Dieu ne permettra pas), je veux être immédiate-
« ment puni de la peine réservée au *parjure*.

« Jesus crucifié, recevez mon serment.

« Marie Immaculée, recevez ma promesse. »
Cette promesse était signée de son sang.

§ VI

Sa charité et sa patience.

Dès son bas âge, Célestin, ont rapporté ses sœurs,
était bon mais ardent, vif et très emporté. Avec le
temps, il corrigea les emportements de son caractère par l'humilité et la mortification ; et, tout en

gardant sa bonté naturelle, avec l'onction de la grâce, il la transforma en charité religieuse.

Pour s'y enraciner, il méditait de la sorte les lois fondamentales de cette vertu, dans une de ses retraites :

« Il faut aimer son semblable autant que nous
« nous aimons nous-même ; mais il faut avoir soin
« de l'aimer uniquement pour Dieu, en vue d'obéir
« à sa loi éternelle. Nous devons bien nous garder
« de l'aimer pour nous, ou pour lui-même parce qu'il
« est aimable, parce que son caractère nous con-
« vient, parce que nous trouvons en lui, peut-être,
« un approbateur tacite de nos imperfections et de
« nos défauts, même les plus grands. Ce serait un
« amour égoïste ou criminel, que Dieu réprouve-
« rait de toutes ses forces.

« Je dois chérir mon prochain, parce qu'en lui
« je retrouve l'image de Dieu ; et parce qu'il a
« coûté la mort d'un Dieu. J'ai dit qu'il faut l'ai-
« mer comme soi-même, et j'ajouterai que, dans
« certaines circonstances, il faut l'aimer plus que
« soi-même : ainsi nous devons préférer les biens
« de son âme à ceux de notre corps, et sacrifier
« nos aises, nos plaisirs, notre repos et jusqu'à
« notre vie, lorsqu'il s'agit de sauver un pécheur à
« ce prix.

« Je dois, par exemple, dans l'état religieux,

« aimer mes frères plus que moi-même, c'est-à-
« dire, renoncer à mon jugement, à mes goûts, à
« ma volonté pour leur faire plaisir. Je ne dois pas
« redouter de souffrir quelque privation, d'imposer
« à mon corps quelque contrainte, pourvu qu'à
« ce prix, je sois un sujet d'édification pour l'un de
« mes frères.

« Je dois même me renoncer, afin de procurer
« tout ce qui peut leur être une occasion de joie, et
« accepter avec plaisir la peine qui résultera pour
« moi de ce renoncement total. Ainsi j'aimerai vé-
« ritablement ; ainsi j'accomplirai toute la loi, qui
« consiste uniquement à aimer.

« O Marie, ma bonne Mère, donnez-moi cette
« vraie dilection que je dois avoir envers mes frè-
« res. Jésus, ayez pitié de moi et communiquez-moi
« un peu de votre infinie charité. Mettez sur mes
« lèvres des paroles de paix, et dans tous mes pro-
« cédés, cette manière et cette onction divines, avec
« lesquelles vous conduisez toutes choses. »

Résolutions : « 1° Sacrifier mon jugement et ma
« volonté au jugement et à la volonté de mes frè-
« res, lorsqu'il s'agira de choses indifférentes,
« auxquelles, par conséquent, je pourrai consentir
« sans manquer à mon devoir. »

« 2° Regarder toujours mes frères comme les
« membres de Notre-Seigneur, et comme des anges

« terrestres. Ainsi je serai plus porté à être chari-
« table, me persuadant fortement, que c'est avec
« le ciel lui-même que j'ai à traiter. »

Des considérations aussi solides, appuyées sur
les vérités fondamentales de la foi produisaient des
affections analogues, empruntées au Cœur si aimant de Notre-Seigneur Jésus-Christ.

« Comme le Cœur de Jésus, se disait-il, je serai
« charitable envers mes frères. Hélas ! il me sem-
« ble, que quelquefois je ne me montre pas assez
« aimable à leur égard. Néanmoins, ce qui me fait
« plaisir, ce qui me prouve, ce me semble, que je
« les aime bien, c'est que rien ne me contriste tant,
« rien ne m'est aussi pénible, que de les savoir
« malades. Lorsque je vois que tous ne sont pas
« en récréation, parce que la souffrance en retient
« quelqu'un à la cellule ou à l'infirmerie, oh ! je sens
« mon cœur se serrer ! Je passe une triste récréa-
« tion. Doux Cœur de Jésus ! soyez tout pour moi.
« Je voudrais partager mon cœur par le milieu, et
« et l'obliger ainsi à se dilater et à recevoir votre
« amour, l'amour de Marie, l'amour de mes frères,
« enfin celui de tous les hommes. »

Quand il s'examinait sur ce sujet, il n'osait être
ni trop content, ni trop mécontent : « Pour la cha-
« rité, j'ai été moins heureux, me parait-il, que
« dans la pratique de l'obéissance, et j'ai principa-

« lement manqué à cette vertu envers mes frères,
« ne me mêlant pas assez à la conversation géné-
« rale. Quant au respect que je leur dois, il me paraît,
« que je n'ai pas grand'chose à me reprocher. Je
« les ai regardés comme des anges ; d'ailleurs leur
« habit blanc me les représente facilement à l'ima-
« gination comme appartenant aux esprits bien-
« heureux. J'avais résolu, il n'y a pas longtemps,
« d'accepter tout ce que me diraient mes frères,
« comme venant de mon ange gardien, d'en profi-
« ter pour devenir meilleur, et de prier pour eux.
« Jusqu'ici, avec la grâce de Dieu, j'ai pu être
« fidèle. »

Mais s'il n'osait être content de lui, le contente-
ment était parfait parmi ses frères, quand ils pouvaient jouir de sa conversation.

Le frère Raphaël, ont-ils remarqué, était très
obligeant, et cela avec tant de réserve et de modestie, qu'il ne paraissait pas même rendre un service. Il se donnait à ses frères sans recherche,
comme sans effort. Lorsque l'un deux le prenait
pour *Socius*, c'est-à-dire pour compagnon (1) loin,
de faire mauvaise mine, à cause de ce dérange-
ment, comme on y est exposé en suivant l'impression naturelle, il paraissait en être tout heureux,

____

(1) Les novices vont deux à deux, quand ils sortent du
noviciat et circulent dans le couvent.

et il faisait toujours une grande inclination de tête
en signe d'adhésion.

Cet amour de ses frères l'occupait très souvent,
pendant les récréations, à des œuvres extérieures,
à des travaux manuels pour lesquels il ne manquait pas d'habileté. Que de rosaires sont sortis de
ses mains ! et cette occupation loin de lui enlever
ce visage gai qui lui était habituel, ne faisait que
le rendre plus attentif et plus bienveillant pour les
novices qui venaient à ses côtés.

Il était un de ces frères qui contribuent à rendre
les conversations plus attrayantes, plus reposantes,
plus saintes. Si l'on discutait sur quelque point de
doctrine traité précédemment en classe, il ne s'oubliait jamais à dire quoi que ce fût qui pût être
pénible à autrui, et il paraissait souffrir lorsqu'il se
voyait obligé de n'être pas de l'avis de l'un de ses
interlocuteurs.

On ne se souvient pas de l'avoir entendu parler
désavantageusement des autres, mais on se rappelle, avec quelle satisfaction il admirait ses supérieurs et louait ses égaux. Souvent aussi il demandait qu'on lui parlât de Notre-Seigneur., et il
n'aimait rien tant qu'à écouter des histoires
édifiantes, surtout si la sainte Vierge s'y trouvait
mêlée et exaltée.

Quand il faisait la revue de ses fautes, dont l'importance lui paraissait si ènorme, la pensée que ses frères, eux du moins, étaient fidèles à la grâce, adoucissait sa peine et lui produisait un amour de complaisance pour leur progrès. Il porta ces sentiments de charité jusqu'au milieu de sa retraite de profession. Car il avait entendu dire dans une instruction, qu'un bon moyen de se préparer aux vœux, c'est de prier pour le bien de ses frères, parce que Dieu qui « est charité (1) », comble de ses grâces ceux qui pratiquent la charité. Une si bonne pensée le frappa , et il s'empressa de la mettre à exécution.

Cette connexion entre la pratique de la charité et l'acquisition des autres dons surnaturels n'est pas, du reste, une idée nouvelle. Elle fait partie de l'enseignement des Pères du désert, car ils regardaient la charité envers le prochain comme un moyen assuré, pour le religieux, d'obtenir l'amour de sa vocation et la victoire sur ses tentations. Un solitaire se plaignait un jour, d'éprouver de l'ennui dans la cellule, l'abbé lui répondit : *Mon fils, tenez pour maxime de ne condamner ni mépriser personne. Évitez toute conversation et tout propos contre le prochain ; et vous verrez, qu'en récompense de votre charité, Dieu vous fera la grâce de*

(1) I. Joan. ɪv. 16.

goûter le repos et la tranquillité de votre solitude. N'est-ce pas l'oubli de cette maxime, et un fond secret d'égoïsme, de susceptibilité, d'amertume, de rigueur dans les jugements, qui rend plus d'un religieux, sans goût pour les grâces de la vie régu-lière, et si aride dans l'oraison ?

§ V

Esprit de Solitude et d'Oraison.

En parlant de la simplicité du frère Raphaël, nous avons indiqué sa manière habituelle de prier dès le commencement du noviciat. Faire de soli-des considérations, suivies d'affections vives et de résolutions pratiques, l'occupait tous les jours, sans étude ni efforts. Tout ce qui a été dit de ses autres vertus, révèle aussi la constance et la vivacité de son esprit de prière. Il ne cessa de monter dans une si belle voie.

Il comprit tout d'abord que, pour être un homme d'oraison, il faut être un homme intérieur ; car comment recevoir les visites de la grâce et s'élever vers Dieu si l'on ne possède habituellement son âme dans le recueillement ? Le premier mois de

mars qu'il passa en religion fut consacré à solliciter cette faveur, et il le fit en ces termes :

« Je veux chaque jour demander à Notre-Sei-
« gneur, par l'intercession de St Joseph, l'esprit in-
« térieur. Pour cet effet, je ferai une neuvaine pré-
« paratoire à la fête du grand Patriarche.

« O Joseph ! le plus intérieur des hommes, écou-
« tez ma prière. C'est un enfant de prédilection de
« votre chaste épouse, la Vierge Marie, qui vous
« l'adresse. Grand Saint ! digne entre tous, de nos
« hommages et de notre vénération, faites-moi la
« grâce d'aimer comme vous cet esprit d'oraison
« que vous avez pratiqué à un si haut degré ; ac-
« cordez-moi un cœur pur, pour mériter de rece-
« voir souvent Celui dont vous avez été, à cause
« de votre grande pureté, le père nourricier. Saint
« Joseph, priez pour moi. Qu'à mon dernier soupir
« je pense à vous, afin de mériter la faveur tant
« désirée, de mourir entre vos bras. »

Mais l'esprit intérieur suppose la pratique de la
retraite et l'amour de la solitude, en même temps
qu'il les augmente. Car, ce cœur humain si mobile,
qui a déjà tant de peine, en s'isolant et en recueil-
lant toutes ses puissances, à considérer paisiblement la vérité, à aimer purement la divine bonté,
comment y parviendrait-il au milieu de la multitude et de l'agitation des objets extérieurs ?

Le frère Raphaël s'appliqua donc sagement à entrer dans la retraite de son âme, et s'y trouvant bien, il y demeura : « O bienheureuse solitude ! « s'écriait-il, après saint Augustin, ô seule béati- « tude ! ! *O beata solitudo, sola beatitudo !* Je re- « garderai mon noviciat comme une retraite per- « pétuelle, dans laquelle je dois me préparer à rem- « plir, aussi dignement qu'il sera possible à la plus « faible et à la plus misérable des créatures, la su- « blime mission d'apôtre et de docteur.

« Dans ce but, je méditerai sans cesse ces trois « paroles de saint Bernard : *Intrate toti, manete* « *soli, exite alii.* — 1° *Intrate toti* : Suis-je entré, « tout entier au noviciat ? Mon cœur a-t-il totale- « ment abandonné la créature, pour se donner to- « talement à Jésus ? — 2° *Manete soli* : Suis-je seul « avec Jésus et Marie ? N'ai-je pas la faiblesse « d'entretenir encore, au fond de mon âme, quelque « affection pour ce monde que j'ai quitté, et que je « me promets de quitter encore à chaque instant ? « Ne laissé-je pas quelquefois dans l'oubli, mon doux « Sauveur, ma tendre Mère du ciel, pour converser « en imagination avec mes parents, ou avec mes « amis ? — 3° *Exite alii* : Est-ce que je me mets en « mesure de sortir du noviciat tout autre que j'étais « lorsqu'on m'y a reçu ? J'aimais encore la créatu- « re, je dois sortir le cœur vide de tout ce qui est

« du monde et rempli au contraire des choses de
« Dieu. Je suis entré au noviciat, n'ayant que très
« peu de zèle pour le salut des âmes, je dois en
« sortir brûlant du désir de procurer la gloire de
« mon Dieu, prêt à oublier parents et patrie, pour
« aller, s'il le faut, (et c'est mon unique désir), jus-
« qu'aux extrémités de la terre conquérir des âmes.

« *Résolutions* : Je prends la ferme résolution
« d'imiter toute ma vie, et particulièrement pen-
« dant le noviciat, les saintes et belles vertus d'o-
« béissance et d'humilité de mon Jésus-Enfant. »

Le résultat de ce recueillement et de cette application à Dieu fut un accroissement de bons désirs,
de vraie piété, mais surtout de cet esprit de componction qui est un des signes certains de la solide
oraison. Nous en remarquons la trace dans une de
ses retraites du mois. Il disait du fond de son âme :

« O mon Dieu, je vous le confesse, je n'ai pas
« encore les caractères du vrai religieux ; mais
« soyez-en éternellement béni, il me semble que
« vous les avez déposés en germe dans mon pauvre
« cœur. Oui, déjà rien ne me trouble plus, comme
« il arrivait au commencement de mon noviciat.
« Mon bonheur est de pouvoir méditer sur les
« grandeurs de Marie et de son divin Fils. Ses
« souffrances, sa passion m'émeuvent fortement. Je
« ne m'inquiète plus des pensées d'avenir, et je

« serais prêt à passer toute ma vie au noviciat
« Dieu m'accorde une grande douleur de mes pé-
« chés ; quelquefois je verse, surtout aux pieds de
« la statue de la Très Sainte-Vierge, d'abondantes
« larmes. Oh ! heureuses larmes, que ne coulez-
« vous jour et nuit ! Marie ! c'est vous, je le com-
« prends, qui m'inspirez cette douleur, car vous
« voulez me sauver ; or, vous savez que pour moi
« il n'est pas d'autre voie afin d'arriver à la céleste
« patrie, que la voie des larmes.

« Et vous aussi, Marie-Madeleine, glorieuse pé-
« nitente, trésor de notre pays ! obtenez-moi, je
« vous prie, le don de pleurer. O grande contem-
« plative de la Sainte-Baume, accordez-moi un
« peu de cet amour divin dont vous brûliez étant
« sur la terre ! Si je vous ai imitée dans vos égare-
« ments, du moins que j'aie le courage de vous
« suivre dans votre pénitence héroïque. Que, comme
« vous, j'aime la retraite et le silence. Sainte
« Marie-Madeleine , demandez ces sentiments à
« Jésus pour moi !... »

Parfois néanmoins, il avait beaucoup de distrac-
tions, soit à l'office, soit pendant les méditations ou
autres prières. Dieu lui inspira, par l'intermédiaire
de sainte Catherine de Sienne, la pratique suivante.
« Avant de commencer chaque exercice, je trace-
« rai avec le pouce, le signe de la croix sur mon

« cœur, et je dirai intérieurement : Mon Dieu, je
« vous offre tout ce que je vais faire, gardez ce
« cœur, afin qu'il n'aspire qu'à vous. » Grâce à
cette habitude, il en vint à penser presque continuellement à Notre-Seigneur, même en récréation ;
car, sans faire d'efforts, il renouvelait ce signe de
convention, et se rappelait la promesse faite à son
divin Maître de penser toujours à lui ; et les dis-
tractions mêmes lui devenaient un stimulant à
l'oraison.

Comme il croyait toujours ses frères plus avancés que lui, il se plaisait, en faisant oraison près
d'eux, surtout près des plus fervents, à s'unir à
leurs dispositions, et c'était pour lui un grand encouragement.

« Un jour, rapporte-t-il, je méditais sur l'amour
« souffrant. Le foyer ardent que j'avais à mes cô-
« tés a fait heureusement fondre la glace de mon
« cœur, et, un instant, j'ai senti les larmes mouil-
« ler ma paupière. O délicieux moment ! Il me sem-
« blait entendre les battements de ce cœur généreux ;
« Qu'on doit être heureux, lorsqu'on aime beau-
« coup, que l'on aime uniquement Jésus crucifié ! »

C'est ainsi que le serviteur de Dieu profitait de
tout pour progresser dans l'esprit d'oraison, se rappelant qu'être *homme d'oraison,* et être *religieux*
sont une seule et même chose.

§ VI

Intelligence et amour de la Prière liturgique.

Pendant l'année de probation, la direction des novices suit un *ordre logique*, réglé par l'enchaînement des vertus, qui ont chacune leur phase dominante, se développent l'une par l'autre, et toutes d'accord, acheminent l'âme vers la perfection.

Nous avons vu le rôle que jouaient, sous ce rapport, dans la vie du frère Raphaël, les vertus de simplicité, d'humilité, d'obéissance, de charité et d'oraison.

Mais il est aussi, dans l'année, un *ordre liturgique* qui, loin de nuire à l'autre en affaiblissant son unité, lui apporte un complément précieux.

L'année ecclésiastique est une vraie synthèse de l'esprit chrétien et de la perfection religieuse. Les divers temps qui se la partagent, les mystères aux sens si variés et les nombreuses fêtes des Saints qui s'y succèdent, forment un ensemble de secours complets, d'influences cachées, de tableaux frappants, qui a pour résultat final, *Jésus-Christ vivant en nous*. Or c'est là tout l'homme.

Notre novice élevé dans ces campagnes chrétiennes où les offices de l'Église ont heureusement tout leur prestige, et où les traditions antiques de la liturgie conservent tout leur charme, était préparé à bien apprécier les grâces ineffables renfermées dans les pratiques du culte catholique. Son séjour au grand séminaire d'Albi consolida en lui ces bons principes, développa ces aspirations d'enfance, de sorte qu'en entrant dans l'ordre des Frères-Prêcheurs, il fut ravi de voir la place qu'y occupent les offices divins et les cérémonies monastiques, en dehors même du cœur, et jusqu'au milieu des repas. Ce caractère distinctif que saint Dominique donna à son institut, faisant pour cela de larges emprunts aux traditions de saint Benoît, de saint Bruno et des Pères du désert, fut pour notre jeune novice une révélation, et une cause d'attachement plus raisonné à sa vocation.

Nous avons remarqué que son noviciat, commencé dans le temps de Noël, y avait pris un caractère plus accentué de conformité à la Sainte-Enfance. Le temps du carême suivit bientôt, et le pénétra des fortes influences de la Passion de Notre-Seigneur. Passion, Sainte-Enfance, ces deux mystères, dont l'un rappelle les austérités de la vie du Sauveur et l'autre ses amabilités, ne se faisaient nullement tort l'un à l'autre dans le cœur de ce religieux éclairé. Au contraire, comme on lui parlait un jour d'un livre qui racontait en détail l'Enfance et la Passion de Notre-Seigneur: « C'est préci« sément ce qu'il me faut, s'écria-t-il, il y a long« temps que je désire un pareil livre. Que de fois j'ai « pénétré, par la pensée, dans la maison de Nazareth « pour y recueillir quelque action, une parole, un « simple regard de Notre-Seigneur ! Le récit de sa « douloureuse Passion me fait aussi tant de bien ! »

La fête de la Purification qui forme la transition entre le temps de Noël et celui du Carême, lui apportait également de grandes leçons :

« Vierge très pure, disait-il à Marie, jetez, du « haut de votre trône de gloire, un regard de com« passion sur la nudité de votre enfant. O vous, « qui étiez toute belle et sans tache et qui cepen« dant, par amour pour l'obéissance et l'humilité, « avez voulu vous présenter au temple, en ce jour « de fête, comme le reste des mères, obtenez-moi « la grâce d'aimer et de pratiquer toute ma vie la « vertu d'humilité. »

Pendant la Semaine Sainte, sa dévotion redoublait. Le chant de la Passion l'émouvait profondément ; le jour des Rameaux et surtout le Mercredi Saint, il lui arrachait d'abondantes larmes. « Et qui « ne pleurerait, disait-il, en entendant le récit des « souffrances sans nombre qu'ont fait endurer les « Juifs à notre divin Maître, et, par conséquent, à

« sa sainte Mère ? Ce qui surtout, me peine et me
« couvre de confusion, c'est que j'étais là moi-même,
« parmi ce peuple insensé, et je criais avec lui :
« *Crucifige, crucifige eum.* Quoi ! mon Jésus ! j'ai
« demandé votre mort ! je vous ai couronné d'épi-
« nes ! Pardon. »

On voit que, dans sa dévotion envers Jésus crucifié, il se gardait bien d'oublier la très sainte
Vierge qui fut en effet, par ses souffrances, la co-
rédemptrice du genre humain. Il s'appliquait à se
rappeler souvent ses douleurs, et y était excité par
la considération des promesses suivantes, que
Notre-Seigneur lui-même a faites à ceux qui mé-
diteraient la Compassion de la Reine des martyrs :

1º Celui qui invoquera Marie au nom de ses
douleurs, sera gardé par moi dans toutes ses tribulations.

2º J'imprimerai en lui la mémoire de ma Passion, et je lui en donnerai les fruits au ciel.

3º Je le placerai d'une manière spéciale entre les
mains de ma Mère, afin qu'elle dispose de lui selon
son bon plaisir, et qu'elle lui accorde toutes les
grâces dont il aura besoin.

C'est Moi, la Vérité qui ai fait ces promesses.

Il aimait donc à prier ainsi : « Vierge au cœur
« transpercé, pardonnez-moi ; je ne savais pas, dans
« mon coupable aveuglement, ce que je faisais

« lorsque je commettais le péché. Mais, ô Marie, il
« y a encore des cœurs qui vous aiment et qui sont
« entièrement à vous ; cette pensée me comble de
« joie. Chaque jour, je suis l'heureux témoin de
« l'amour croissant qu'ont pour vous les frères de
« ce noviciat ; c'est ma consolation. »

A Pâques, il se livrait aux joies de la Résurrection, et y voyait la figure de la vie nouvelle qu'il
devait mener en religion. Quand venait la fête de
la Sainte Trinité, ses pensées, à l'occasion de l'Ordination, se portaient vers le sacerdoce catholique
dont il admirait les grandeurs : « Oh ! quel beau
« jour, écrivait-il, que le jour où pour la première
« fois, le jeune prêtre monte au saint autel ! Quel
« beau jour, que celui où, pour la première fois,
« l'homme devient un nouveau Jésus-Christ par
« l'imposition des mains de l'évêque. *Sacerdos alter*
« *Christus. — O Sacerdos, quis es tu ?* O prêtre, qui
« es-tu ? Tu n'es pas de toi, parce que tu as été
« fait de rien ; tu n'es pas à toi, parce que tu appar-
« tiens à ton prochain ; tu n'es pas toi-même, par-
« ce que tu es Jésus-Christ. *O Sacerdos, quis es tu ?..*
« *Nihil et omnia.* Tu n'es rien et tu es tout ! O !
« dignité du prêtre ! qui jamais la comprendra ?
« Dieu, dit un Père de l'Église, a fait deux merveil-
« les, le prêtre et la très sainte Vierge ; et le prê-
« tre, à un égard, est au-dessus de la Mère de Dieu.

« O profondeur, ô altitude, ô grandeur du prêtre
« du Christ!... Quel n'est pas ton bonheur, toi qui
« viens d'être ordonné, lorsque tu tiens dans tes
« mains tremblantes d'émotion, Celui qui remplit
« de son immensité le ciel et la terre? Mais quelle
« ne doit pas être ta pureté pour traiter ainsi l'A-
« gneau sans tache! Mon Dieu, vous venez d'élever
« à la haute dignité que confère le sacerdoce de
« votre divin Fils, un de mes frères ; j'ai été témoin
« de son émotion ; j'ai vu couler ses larmes, et c'é-
« taient des larmes d'amour. A la vue de ce nou-
« veau prêtre montant à l'autel, je me suis dit : Si
« la Vierge Immaculée n'avait facilité mon entrée
« en religion, aujourd'hui-même, dans mon pays,
« je monterais les marches de l'autel pour immoler
« l'Auguste Victime ; et cependant, combien peu
« j'aurais été digne d'un tel honneur! Comment,
« rempli d'imperfections et de misères, aurais-je
« pu contracter une alliance si sainte et si sublime ?
« La considération de mes misères d'un côté, et de
« l'autre, celle de la dignité conférée au nouveau
« prêtre m'ont fait pousser un soupir de reconnais-
« sance envers Marie, qui prend de moi un soin
« tout particulier. Elle veut, cette Vierge prudente,
« avant de me donner son divin Jésus, que je sois
« pur, que je sois saint, que je sois, en un mot, aussi
« digne qu'il me sera possible, de consacrer, de

« cher le corps adorable de Notre - Seigneur
« Jésus-Christ. O Marie ! je vous remercie de tant
« de bontés ! Lorsque je demandais à entrer dans
« votre saint Ordre, je disais à mes supérieurs : Je
« désire ardemment me préparer par le noviciat à
« recevoir les dons du Saint-Esprit, que confère
« l'évêque avec la dignité sacerdotale. Vous avez
« entendu mes vœux ; ô ma Mère, soyez-en à ja-
« mais bénie ! »

La dévotion du saint Nom de Marie, lui suggéra ces sentiments non moins beaux : « Chaque fois
« que j'entrerai dans la cellule ou que j'en sortirai,
« je dirai : *Ave Maria*. Au chœur, à chaque incli-
« nation, je penserai aux abaissements volontai-
« res auxquels a bien voulu se soumettre le Fils
« de Marie, et je redirai encore : *Ave Maria*. Enfin,
« chaque fois que j'entendrai une cloche, je me
« rappellerai la salutation de l'Ange Gabriel et je
« répéterai : *Ave Maria*. En promenade, si j'en-
« tends chanter un oiseau je lui dirai : chante, petit
« oiseau, les louanges de ton Créateur, car tu es
« pur en sa divine présence, et tes hommages lui
« sont agréables. — Bénissez, ô ma Mère, ces
« résolutions afin que je me prépare, d'une manière
« aussi parfaite qu'il me sera possible, à vous louer
« et à chanter vos grandeurs pendant l'Éternité.
« Mais, je le sais, l'hommage d'un cœur sans tache

6

« vous est surtout agréable ; rendez-moi donc pur,
« ô très chaste Vierge Marie. »

Ce n'étaient pas seulement les grandes solennités dédiées à Marie par la liturgie sacrée, qui excitaient sa dévotion. Il assistait avec un singulier bonheur à la messe votive de la très sainte Vierge, appelée « *de Beata* (1). » Ce témoignage de vénération envers Marie, précisément parce qu'il n'a rien de prescrit, rien de pompeux, mais que le prêtre l'offre les jours ordinaires, spontanément, sans grandes cérémonies, sans concours de peuple, comme un hommage confidentiel et presque une surprise de sa piété filiale, en avait d'autant plus de charmes aux yeux du frère Raphaël Et il se faisait d'avance une fête, si un jour on l'appelait au sacerdoce, de célébrer bien souvent cette messe.

Quand vint la fête de l'Exaltation de la Sainte-Croix qui rappelle encore la Passion de Notre-Seigneur, et qui commence, dans l'Ordre, une vie plus mortifiée (2), il se dit : « Je dois prendre la ré_

____

(1) Messe que les rubriques laissent la liberté de dire en certains jours moins solennels, au lieu de celle du Saint dont on a fait l'office.

(2) C'est à cause de cette date que le jeûne qui commence alors et qui se continue jusqu'à Pâques, est appelé « le Jeûne de Sainte-Croix. » Presque tous les Ordres monastiques, Chartreux, Cisterciens, Carmes, Minimes, observent ce jeûne, qui dure environ sept mois.

« solution en ce jour, d'aimer davantage la Passion
« et de ne me réjouir qu'en la Croix de Notre-Sei-
« gneur Jésus-Christ. Car c'est par elle que nons
« avons été rachetés de la mort éternelle. Les jeû-
« nes de l'Ordre vont recommencer ; à ce propos,
« le T. R. Père-Maître nous a recommandé de bien
« entrer dans l'esprit de nos Pères, et de nous mor-
« tifier en tout, pendant ce temps de plus rigoureuse
« pénitence. Si tous les religieux ne peuvent pas
« jeûner, ils peuvent tous, du moins, mortifier leur
« langue en s'imposant un silence plus absolu ; ils
« peuvent tous s'adonner à la prière continuelle, et
« à la pratique plus généreuse des belles vertus
« d'humilité, d'obéissance et de charité. Je veux
« m'efforcer d'exceller dans toutes ces pratiques et
« d'acquérir ces vertus. »

Les fêtes des Saints de l'Ordre, de sainte Catherine de Sienne, de sainte Agnès, de saint Dominique surtout, lui laissaient chacune un parfum particulier et une grâce nouvelle, comme on a pu le
remarquer, ou comme on le verra dans le reste de
sa vie. Le jour de saint Dominique, il priait en ces
termes : « Illustre Patriarche, venez à mon secours,
« afin que chaque jour j'avance dans la perfection;
« aidez-moi à devenir moins indigne du beau titre
« que vous me donnez, en m'adoptant pour votre
« enfant. Sans vous que serais-je? Tout ce que je suis

« et tout ce que puis devenir dans la suite, avec
« la grâce divine, c'est à vous, à vos ferventes
« prières, à vos veilles prolongées pendant les
« nuits entières, que je le dois et que je le devrais
« Merci bien-aimé Père, ma reconnaissance con-
« sistera à vous imiter. »

Il éprouvait aussi une grande ferveur pour la
fête de saint Vincent Ferrier ; et, le considérant
comme un frère à qui l'on peut recourir avec une
pieuse liberté, il lui demandait la grâce de l'imiter,
de devenir comme lui un apôtre, et surtout un
saint. « Ah ! poursuivait-il, je vous vois sourire de
« pitié, et avec trop de raison, car je dis que je
« veux être comme vous un vrai apôtre, et je n'ai
« aucune des vertus qui vous ont si merveil-
« leusement distingué. Mais je vais commencer
« par devenir, comme vous, obéissant ; comme
« vous, j'aimerai le silence et l'oraison ; comme
« vous, oui, comme vous, autant que vous, je veux,
« *volo*, je veux aimer Marie. Après avoir imité les
« vertus que vous pratiquâtes dans l'intérieur du
« cloitre, peut-être que le ciel aura pitié de moi et
« m'enverra comme vous, à travers le monde, pour
« annoncer un Dieu devenu homme, un Dieu cru-
« cifié, un Dieu ressuscité. »

Entre les Offices de nos Bienheureux et Bien-
heureuses, celui de la B. Imelda l'émouvait pro-

fondément. « J'ai senti des larmes mouiller mes
« yeux, avouait-il, en entendant lire les leçons du
« IIe nocturne (1). Quel amour pour Jésus-Hostie
« dans une si jeune vierge ! Quelle foi dans une
« enfant ! Imelda pleurait lorsqu'à cause de son
« âge, elle ne pouvait s'approcher de la Table
« eucharistique : et moi, misérable, je vais m'as-
« seoir presque chaque jour au sacré Banquet, sans
« songer bien souvent à la grâce immense qui
« m'est accordée par N.-S. J.-C.!! Que j'aime peu
« mon Jésus ! Je supplie cette Bienheureuse de
« m'accorder un peu de son grand amour pour la
« sainte communion. Depuis que je connais notre
« petite sainte, j'ai une dévotion spéciale pour elle ;
« et je lui adresse chaque jour une prière. »

Outre les fêtes liturgiques proprement dites, il

(1) On aimera peut-être à parcourir un extrait de ces
leçons : « Imelda, âgée de 14 ans, et déjà consacrée à
Dieu dans un monastère de dominicaines, éprouvait un
vrai tourment lorsque, voyant les autres sœurs s'approcher de la sainte table, elle ne pouvait les suivre. Ainsi
l'avait décidé son confesseur, jugeant de ses dispositions,
moins par ses vertus précoces, que par son jeune âge.
Mais Dieu voulut montrer par un prodige, qu'elle était
plus digne que toutes les autres, de recevoir la Sainte-
Eucharistie. Un jour qu'au moment de la communion
elle restait comme d'ordinaire à sa place, tourmentée par
ses désirs et absorbée dans sa douleur, voici qu'une
Hostie descend du Ciel, se balance dans les airs et vient
se fixer sur sa tête. Ce que sont alors les pensées, les

y a des pratiques et des dévotions libres, mais conformes aux vues de l'Église, à la direction imprimée aux fidèles par ses Saints, et qui varient selon les besoins des différents âges. Le frère Raphaël respectait toutes ces devotions ; mais devant nécessairement se borner, il s'adonnait de préférence à celles qui étaient plus conformes à ses attraits intérieurs ou à l'esprit de son Ordre.

Parmi ces pratiques on peut citer celles du mois de Marie et du mois du Sacré-Cœur de Jésus, qui méritent d'être considérées dans un article spécial.

§ VIII.

Le mois de Marie.

Le mois de Mai est la plus belle époque de l'année pour tout serviteur de Marie. Ne nous étonnons pas d'entendre jaillir du cœur de notre frère

soupirs, les colloques de la jeune vierge, inutile de chercher à l'exprimer. Ses compagnes restent là dans la stupéfaction, puis elles avertissent le prêtre, il vient, il reçoit la sainte Hostie sur la patène ; et, ne doutant plus des volontés divines, il la donne à Imelda. Celle-ci, dès qu'elle a communié, ne peut plus supporter l'excès de son bonheur, et fermant doucement les yeux comme pour se livrer au sommeil, elle rend l'âme au Christ son époux. »

(Brev. O. P. xvi Sep.)

les accents les plus enflammés. Il était d'autant plus heureux de pouvoir, pendant tout un mois, fêter, d'une manière particulière, la sainte Vierge, qu'il avait été choisi depuis quelque temps comme sacristain de son autel, et de l'oratoire qui lui est consacré au noviciat. Laissons à l'un de ses frères, le soin de nous apprendre avec quelle modestie et quel zèle il s'acquittait de son pieux devoir.

« Je venais d'être désigné pour aider le frère Ra-
« phaël dans ses fonctions de sacristain de l'oratoire
« du noviciat. Or, dans les premiers jours, étant loin
« d'être aussi exemplaire que lui, je disais quelques
« mots que je croyais utiles pour notre office ; quel-
« quefois même, c'était pendant le silence profond.
« Notre excellent frère eut la charité de me faire
« observer, dès qu'il le put, qu'il nous était facile
« de remplir nos fonctions d'une manière bien plus
« agréable à Notre-Seigneur, en ne disant aucune
« parole : ce que je me suis efforcé de pratiquer
« désormais.

« Dans cette même charge, il montrait un grand
« esprit de piété, de foi et d'amour, par la manière
« dont il préparait tout ce qui sert au Saint-Sacri-
« fice, et par le soin qu'il apportait à garnir sou-
« vent de fleurs fraîchement cueillies, un petit
« vase placé devant la statue de notre Mère. »

Écoutons maintenant le frère Raphaël lui-même, dans ses élans envers la Bienheureuse Vierge. Si l'on trouve qu'il y a de la poésie dans son langage, où serait-elle mieux placée que lorsqu'il s'agit de chanter Celle qui fait l'ornement et les délices du Ciel?

« Tout nous invite à aimer et à glorifier Marie
« pendant ce beau mois. La nature a rejeté bien
« loin son manteau d'hiver, et elle s'est revêtue de
« tous ses charmes. Les arbres et les prairies sont
« émaillés de fleurs ; l'insecte bruit sous l'herbe
« naissante, et les oiseaux, par leurs joyeuses mé-
« lodies, animent à l'envi ce riant tableau. Tous les
« éléments de la création, qui sous le soleil de mai
« et avec ses rosées fécondes, paraissent lutter pour
« parer la terre de fleurs, nous crient que notre âme
« arrosée du sang d'un Dieu et illuminée par les
« rayons du Soleil de justice, ne doit pas rester
« stérile, mais produire des fruits dignes de la vie
« éternelle. Oh ! allons à l'autel de Marie, allons-y
« déposer une fleur qu'aura fait naître en nous son
« amour. Marie ! pendant ce beau mois, je veux vous
« aimer d'une manière inaccoutumée ; je désire,
« avec votre secours, ne commettre aucune faute
« qui puisse contrister votre cœur. Si, au temps de
« ma jeunesse, j'ai peu fréquenté vos sanctuaires ;
« si j'ai été peu assidu à entourer vos autels et à les
« orner de fleurs, je demeurerai avec vous le reste

« de ma vie, dans votre Ordre privilégié. J'y resterai,
« ô très sainte Vierge, en persévérant à faire péni-
« tence de mes fautes passées ; j'y mourrai dans
« votre amour et sous vos livrées. »

Voici maintenant les résolutions qu'il prenait au
commencement de ce mois béni.

I° « Puisque c'est un temps spécialement con-
« sacré à Marie, j'irai chaque jour et plusieurs
« fois durant le jour, devant son autel ; et là,
« dans la posture la plus humble que je pourrai
« prendre, (lorsque je serai seul, je me prosterne-
« rai la face contre terre et les bras en croix).
« je baiserai la terre sept fois en l'honneur de
« Notre-Dame des Sept-Douleurs.

« II° « Je tâcherai de réciter un Rosaire de plus,
« pour les malheureux pécheurs qui ne pensent
« pas à Marie, quoiqu'elle soit leur unique refuge :
« *Refugium peccatorum.*

III° « Chaque samedi, j'offrirai à ma Mère la
« sainte communion pour réparer les outrages que
« reçoit son divin Fils, dans le sacrement de son
« amour, et pour la consoler de toutes les peines
« qu'elle éprouva, lorsque les Juifs le crucifièrent.

IV° « Je jeûnerai tous les samedis en l'honneur
« de ma bonne Mère.

V° « J'offrirai toutes mes actions et les fruits de
« mes communions au Seigneur Jésus, pour obte-

« nir l'amour de Marie ; et réciproquement, je
« ferai tous les jours une prière à l'Immaculée
« pour obtenir les vertus et l'amour de Jésus cru-
« cifié.

VI° « Tous les jours, j'offrirai la Salutation du
« Saint Nom de Marie (1), afin que cette bonne Mère
« nous obtienne à tous, la grâce de l'aimer autant
« que nos cœurs en seront capables, et d'aimer
« aussi son Jésus sur la croix.

VII° « Chaque matin, en me levant, je saluerai
« Marie pleine de grâces, et je lui offrirai quelque
« bouquet spirituel. Je m'unirai à la nature qui riva-
« lise d'ardeur avec l'homme pour célébrer les
« gloires de Celle dont le Verbe Créateur est né.
« En entendant chanter un oiseau je dirai : chante,
« petit oiseau, les louanges de notre Mère.

VIII° « Pendant ce mois, je veux être d'une mo-
« destie exemplaire. Au chœur, je ne regarderai
« jamais les frères qui sont en face de moi ; mais
« je fermerai les yeux, ou je regarderai la terre
« à quelques pas devant moi.

IX° « Chaque soir, en allant prendre mon repos,

(1) Prière composée par le bienheureux Jourdain de
Saxe, premier successeur de saint Dominique, comprenant cinq psaumes ou cantiques dont les premières lettres
forment le nom de Marie : *Magnificat — Ad Dominum
cum tribularer, clamavi — Retribue servo tuo, vivifica
me — In convertendo — Ad te levavi.*

« je saluerai encore Marie, et je la prierai hum-
« blement de veiller sur mon sommeil. Alors j'en-
« lacerai le Rosaire entre mes doigts et je m'en-
« dormirai en répétant : *Ave Maria*. — O ma mère,
« je prends la résolution, pendant le jour aussi, de
« prononcer votre nom, au moins cent cinquante
« fois, pour former une sorte de rosaire ou de
« psautier uniquement composé de ce nom si
« suave. Je penserai toujours à vous ; je vivrai en
« vous, et vous en moi. O heureuse vie ! Marie,
« je vous dois tout ! Toute mon existence, durât-elle
« mille ans, ne devrait donc être qu'un acte prolongé
« de reconnaissance.

« Bienheureuse Vierge, faites que je devienne
« un digne fils de saint Dominique et accordez-moi
« en abondance, l'esprit des trois vœux. Donnez-
« moi la parfaite pauvreté d'esprit, et pour cela
« rendez-moi humble ; que le souvenir de ma mi-
« sère reste sans cesse devant mes yeux. Rendez-
« moi chaste, Vierge très pure ; faites que jamais
« la moindre pensée contraire à la belle vertu ne
« traverse mon esprit. O Marie, j'ai besoin de
« l'obéissance, car je ne ferais rien sans elle ; ac-
« cordez-moi la grâce d'être obéissant jusqu'à la
« mort. Si j'ai ces trois vertus, je serai sûr de vous
« être agréable ainsi qu'à Jésus.

« O ma Mère, que je vous aime ! mais que dis-je ? je

« ne vous aime presque pas ; mon cœur est trop
« étroit ; à votre égard élargissez-le donc, je vous
« en prie ! Faites que je vous aime beaucoup, autant
« que vous êtes aimable, et jusqu'à en mourir. »

Heureux mois de mai, qui se passait dans des
dispositions si excellentes ! Heureux cœur, qui
surabondait de tels sentiments ! En en écoutant
l'expression, on ne peut que dire : Puissé-je éprouver pour Marie une dévotion semblable ! Puissé-je
l'inspirer aux autres.

§ IX

Mois du Sacré-Cœur de Jésus.

Dans le noviciat, le mois du Sacré-Cœur est
célébré avec la plus touchante piété. Tous les
jours, les novices se pressent autour de son autel,
comme ils l'ont fait le mois précédent, pour Marie,
et ils l'ornent de ce qu'ils ont de plus beau.

Ce n'est pas que la décoration puisse être bien
riche, l'illumination bien splendide. Mais la signification en est grande ; ils y ont mis toute leur habileté et tout leur cœur : et, le moment de la céré-
monie venu, le quelque peu d'extraordinaire qui
entoure l'autel, ressortant mieux encore au milieu

de l'austérité habituelle de leur vie monastique, leur cause une dévotion intérieure dont la journée entière est fortifiée et embaumée. Chaque soir, ils se réunissent un dernière fois et récitent une prière composée, tour à tour, par l'un d'entre eux. Celle du Frère Raphaël va nous dire tout ce qu'il ressentait :

« Que le beau mois de mai a passé vite ! mais je
« me console, car si nous semblons abandonner
« Marie, c'est pour aller à Jésus. O Sauveur, mon
« trésor et mon tout ! quel bonheur je ressens à la
« pensée, que pendant tout le mois qui commence,
« nous vous adresserons chaque soir une humble
« prière, et nous vous dirons du plus profond de
« notre âme : *Jésus, doux et humble de cœur, ren-*
« *dez notre cœur semblable au vôtre : Jésus, nous ne*
« *voulons aimer que vous.* — Qu'il est doux, qu'il
« est consolant de penser à Jésus ! O Marie, seriez-
« vous contristée en voyant vos enfants abandonner
« un peu votre autel pour se grouper autour de
« celui de votre cher Fils ? Ah ! il me semble vous
« entendre nous dire au contraire : « Je suis heu-
« reuse lorsqu'on va directement à Lui ; et en l'a-
« dorant on m'honore. Est-ce que toute gloire et
« tout honneur ne sont pas dus à Jésus ? Et même
« lorsqu'en vue de la haute dignité où m'a élevée
« mon Dieu, on me donne des louanges, n'est-ce

7

« pas au fond pour l'honneur de ce même Dieu fait
« homme ? »

« O Marie ! je veux donc vous aimer pour Jésus.
« Jésus, je veux donc vous aimer par Marie. Bon
« Maître, prenez mon pauvre cœur, embrasez-le,
« consumez-le de votre feu intérieur. Prenez-le, ô
« mon doux Maître, arrachez-le de ma poitrine, et
« mettez-le sur votre Cœur, afin qu'il s'échauffe,
« étant prés de ce foyer d'amour. *Cor mundum crea*
« *in me, Deus:* « Créez en moi, ô mon Dieu, un cœur
« pur. » Je vous le donne, ce cœur, comme je
« l'ai maintenant ; je sais qu'il n'est pas digne de
« vous plaire, parce qu'il est loin d'être exempt de
« souillure. Mais qui peut le rendre sans tache,
« doux et humble, comme vous désirez qu'il soit,
« si ce n'est vous-même, mon Jésus? O Marie, j'ai
« aussi recours à vous. Une mère n'abandonne
« jamais son fils, si méchant qu'il soit. Donc,
« ma bonne Mère, ayez pitié de moi. Aidez-moi à
« purifier mon cœur, afin qu'il plaise à votre très
« pur Enfant, et que celui-ci vienne volontiers y
« établir sa demeure. Je voudrais, ô ma Mère,
« vivre, pendant tout ce mois, dans le cœur de Jé-
« sus, et je voudrais que le cœur de Jésus habitât
« dans le mien. Mais comment allier deux cœurs si
« opposés ? Introduisez-moi vous-même dans le
« sacré cœur de votre Fils. La blessure est assez

« large pour me laisser passer. Je désire, une fois
« entré dans ce sanctuaire adorable, ô Marie, n'en
« plus sortir jamais. Ah! mon Maitre, venez, venez,
« hâtez-vous, car mon cœur vous désire; je veux
« aimer, et il n'y a que vous qui soyez digne d'a-
« mour. Je veux vous aimer, parce que vous êtes
« infiniment aimable. Je veux vous aimer, parce
« que vous m'avez aimé le premier. Je le veux,
« parce que je ne vous ai pas assez aimé pendant
« ma jeunesse. O Beauté toujours ancienne et tou-
« jours nouvelle, que j'ai appris tard à vous aimer!
« Du moins, je réparerai le temps perdu, par un re-
« doublement d'amour. Je veux enfin vous aimer
« ô mon Jésus, pour plaire à votre divine Mère.
« Voudrait-elle me recevoir pour son enfant, si je
« ne chérissais pas son Jésus? Et si Marie refuse
« de me prendre sous sa protection, que devien-
« drai-je? O mon Dieu, ô mon Sauveur! à Marie,
« à vous, oui à vous pour toujours. »

L'octave de la Pentecôte, le souvenir de la venue
de l'Esprit-Saint, qui est un esprit d'amour et le
principe de la vie intérieure, lui rappelaient encore
la dévotion au Cœur de Jésus. Il s'en exprimait en
ces termes :

« Je viens d'offrir mes hommages au Sacré-Cœur
« de mon Dieu! je lui ai promis par serment de
« l'aimer toujours et de rien faire que pour son pur

« amour. J'ai conclu avec ce Cœur mille fois ado-
« rable, un pacte d'après lequel toutes mes pensées,
« tous mes désirs, tous les battements de mon cœur
« seront pour lui. En vertu de ce pacte, toutes les
« fois que je porterai la main sur ma poitrine, cela
« signifiera que je ne veux avoir d'affection que
« pour Jésus. Oh ! qu'il est miséricordieux de nous
« supporter malgré nos faiblesses sans nombre !
« qu'il est bon surtout de nous accorder la per-
« sévérance dans son chaste amour !!! qu'il est bon
« de nous inspirer l'ardente volonté de le servir!!!

« Il me semblait l'entendre me dire hier, quand
« je Contemplais son cœur : *J'aime tant les hommes
« que je ne puis me résoudre à me passer de leur
« amour ; c'est pourquoi je suis toujours debout à la
« porte de leur cœur.* — Nous sommes donc le tré-
« sor de Jésus, puisqu'il est continuellement, ou
« dans notre cœur lorsque nous le lui ouvrons, ou
« à la porte de notre cœur, lorsque nous sommes
« assez malheureux que de lui en refuser l'accès. Le
« Seigneur nous poursuit sans relâche de son amour,
« moi, en particulier, la plus misérable, la plus faible
« des créatures. Je crois vraiment que si je n'avais
« une âme faite à l'image de Dieu même, je devrais
« être mis au-dessous du ver de terre que nous fou-
« lons aux pieds ; je serais plus abject même, et plus
« indigne de vivre que lui, puisqu'il n'a pas péché.

« Et cependant Dieu m'aime ; il m'aime, je n'en
« doute pas, puisqu'il m'en donne des gages tou-
« jours plus surs. Seigneur, soyez béni. »

C'est dans cette surabondance de sentiments que
le frère Raphaël passait les mois de mai et de juin,
allant tour à tour à Jésus par Marie, à Marie par
Jésus, et leur consacrant à tous les deux, ces deux
mois de bénédiction. Ainsi la variété des dévotions
fortifiait l'unité de sa vie intérieure au lieu de l'é-
branler. Il en fut de même du mois de juillet consacrée à sainte Marie-Madeleine, l'amie de Jésus,
et la Patronne du couvent de Saint-Maximin ; c'est
d'elle que nous allons maintenant parler.

§ X.

Pèlerinage à la Sainte-Baume.

Nous connaissons déjà la dévotion du frère Raphaël pour l'illustre Pénitente des Gaules. Un pèlerinage qu'il fit à la Sainte-Baume servit à mieux
la manifester et à la développer.

Il est vrai, qu'au point de vue ecclésiastique, le
centre du culte de Marie-Madeleine est dans la
basilique de Saint-Maximin, qui possède ses reliques
et son tombeau ; mais quand il s'agit de certaines

influences surnaturelles qui passent par-dessus les voies ordinaires de la grâce, de certains saisissements du cœur, de certains ébranlements de l'âme, de certaines transformations soudaines de la vie, la Sainte-Baume n'a pas de rivale. Ces influences merveilleuses y surabondent ; l'air, la lumière, les rochers mêmes en sont imprégnés.

Aussi les novices regardent une ascension à ce Lieu Saint comme une grande fête, encore plus qu'une grande récréation ; et quand le frère Raphaël sut qu'il aurait bientôt l'occasion de faire le pélerinage, il ne se posséda plus de joie.

En partant, il pria Dieu d'être le guide du noviciat pendant le chemin, et d'exciter, dans le cœur de tous les frères, de grands sentiments de contrition. C'est en effet une disposition excellente pour les débuts d'un pèlerinage. — « Quiconque commence par les labeurs de la pénitence, peut espérer qu'il terminera dans les joies de l'amour ». — C'est la loi providentielle de ce grand pélerinage qu'accomplit tout homme en passant sur la terre. *Confitentes quia peregrini et hospites sunt super terram (Hebr. XI. 13).*

Après que les novices eurent marché assez longtemps dans la plaine, faisant oraison en silence, ils arrivèrent à l'endroit où il faut gravir.

La lumière commençait à poindre. C'était l'heure

où Madeleine, le matin de la Résurrection, se trouvait en chemin à la tête de ses compagnes, portant des aromates de divers choix. Pourquoi cet empressement? D'où lui vient cette audace? A quoi bon ces parfums? Que pense-t-elle? Que croit-elle? Qu'espère-t-elle? Pourquoi, arrivée au tombeau et le trouvant vide, reste-t-elle là, regarde-t-elle encore, et revient-elle se pencher davantage sur ce sépulcre où elle a bien constaté qu'il n'y a rien? Ah! c'est que brisée par la douleur, déconcertée par l'issue de la Passion, ignorant la suite des prophéties, ne comprenant pas l'ordre et la sagesse des mystères divins, elle garde néanmoins tout son amour. Au milieu des ruines et de la mort, il se dresse même avec plus d'énergie ; et, dans les profondeurs de cet amour incomparable, elle conserve vivantes, sans savoir elle-même comment ni en quoi, toute sa foi et toute son espérance.

Aussi, elle est bientôt récompensée. Jésus vient à elle. Aucun miracle ne le précède, aucun rayon de gloire ne l'environne, il est même caché sous des traits étrangers. Mais il l'appelle par son nom: *Marie!* Aux premiers accents de sa voix, elle l'a reconnu, et elle est tombée à ses pieds ne sachant dire qu'un mot, mais un mot qui dit tout: *Mon Maître!!!* — Que de fois à la Sainte-Baume, elle dut se représenter cette scène sublime, non moins saisissante pour elle après 33 ans, qu'au premier jour !

C'étaient là des pensées dignes d'occuper et d'encourager notre jeune frère, tandis qu'à la lumière de l'aube croissante, il montait les sentiers pierreux. Il n'allait point à la recherche de son Maître, car le matin, avant de partir, il l'avait reçu dans son cœur ; mais il était saintement impatient de voir, au moins de loin, les rochers de la grotte, sorte de tombeau suspendu dans les hauteurs, où Madeleine s'était ensevelie dans la contemplation de Dieu et de ses œuvres. Il lui tardait de répandre aux pieds de la Sainte, comme un parfum, ses vœux et ses prières, d'y entendre quelqu'une de ces paroles intérieures qui remplissent toute une vie de lumière et d'ardeur.

Ses compagnons n'étaient pas moins désireux que lui d'arriver au terme. Et pour charmer les longueurs du chemin, ils se mirent à réciter le Rosaire, les Petites-Heures de l'office canonial, et celles de l'office de sainte Madeleine.

Enfin on arrive sur une hauteur où le paysage change ; on respire comme un air nouveau. Le regard découvre un plateau paisible couronné d'un immense et solitaire rocher. « Tout est calme en même temps que tout est pauvre ; et à la paix comme à la nudité de ce désert, on se croirait transporté par des routes mystérieuses aux inaccessibles retraites de l'ancienne Thébaïde. Quelques murailles tombées s'aperçoivent au milieu de la plaine ; quelques maisons debout à l'extrémité, derrière un mamelon : mais ces vestiges de vie ne diminuent pas la solennelle réalité du lieu ; le cœur pressent qu'il est dans une solitude où Dieu n'est pas étranger.

« Au centre de ces roches hautes et alignées, qui ressemblent à un rideau de pierre, l'œil découvre une habitation, et à ses pieds une forêt dont la nouveauté saisit.

« Qui donc a marqué ce coin de terre d'une empreinte si puissante ? O Marseille ! tu vis venir celle qui habita la première, cette montagne. C'est à toi que l'Orient confia les reliques vivantes de la vie de Jésus-Christ, les âmes qu'il avait le plus tendrement aimées sur la terre, et, pour ainsi dire, le testament suprême de l'amitié d'un Dieu. » (P. Lacordaire *Vie de S*ᵗᵉ *M.-M.*)

Sancta Maria Magdalena, ora pro nobis. Telle fut l'invocation que chantèrent les novices en saluant la Sainte-Baume, car ils étaient devant elle, et tout ce qu'ils voyaient dépassait ce qu'on leur avait dit ; ils se sentaient dans un lieu vraiment prédestiné. En effet « Dieu qui a tout créé en vue de l'avenir, et qui n'a pas dessiné un rivage, arrosé

une vallée et creusé une mer, sans savoir pour
quels peuples ou quelles âmes il travaillait ; Dieu
dans la création avait pensé à Marie-Madeleine,
et lui avait fait, en ce point de la terre, un asile
exprès. Au fond de sa grotte, derrière une grille
vénérée, s'élève un roc où la tradition rapporte
qu'elle priait, et qui seul, dans ce lieu partout hu-
mide, conserve une pieuse et incorruptible sécheresse. Au dehors, sur la saillie abrupte et la plus
haute de la montagne, mais un peu à gauche de la
grotte, est le point marqué par la tradition comme
celui où Madeleine était enlevée chaque jour. Une
chapelle appelée le *Saint-Pilon*, en consacre le sol
et y attire la vénération des pèlerins. » (Ibid.)

« Quelle douce impression j'ai ressentie alors !
« racontait ensuite le frère Raphaël. Des larmes
« ont mouillé mes paupières, de bien douces larmes.
« Il me semblait voir encore sur cet éternel rocher,
« la Sainte en extase ; l'imagination me la repré-
« sentait, nous invitant à nous unir à elle pour
« remercier Celui qui a voulu montrer à l'univers
« où et comment se réhabilite un grand cœur. »

Arrivés à la forêt qui conduit à la grotte, les
novices entonnèrent les litanies de sainte Marie-
Madeleine ; et tout en montant et en chantant, le
frère Raphaël avait soin de cueillir quelques belles
fleurs dont il formait un bouquet, pour le déposer

à l'endroit même où la grande Contemplative a fait sa sainte pénitence. « O Grotte profonde et mysté-« rieuse ! s'écria-t-il peu après, pour traduire les « sentiments qu'il avait éprouvés en y entrant, « Grotte, où l'on prie, où l'on pleure avec tant d'a-« mour, vrai berceau où les cœurs morts retrou-« vent la vie, soyez bénie à jamais ! Ah ! oui, je le « sens, c'est bien là que s'est retirée cette amante « du Dieu de miséricorde. Et quelle autre terre « eût été plus favorable à Marie-Madeleine ? cette « solitude, ce désert n'était-il pas le refuge naturel « d'une grande pénitente ? O Marie-Madeleine, « moi aussi j'ai beaucoup péché ; faites donc que « j'aime beaucoup mon Seigneur et mon Dieu, « afin que mes offenses me soient remises. O Ma-« rie-Madeleine, ces gouttes d'eau qui coulent con-« tinuellement dans cette grotte avec un son si « plaintif et si doux, ne me disent-elles pas que, « pour obtenir le pardon de mes fautes, il faut pleu-« rer comme vous avez pleuré ? Je vous en supplie « donc, ayez pitié de moi, priez pour moi, obtenez-« moi le don des larmes. Oh ! si les pleurs que j'ai « répandus dans votre grotte valaient un tant soit « peu des vôtres, que je serais heureux !

« Mon Dieu, mon doux Jésus, Vierge Marie, « quand donc me ramènerez-vous dans cette aus-« tère retraite ? N'est-ce pas peut-être pour la der-

« nière fois que j'ai l'ineffable bonheur de m'age-
« nouiller et de prier là où s'est agenouillée et a
« prié Marie-Madeleine ? Dieu vengeur de l'iniquité
« ne permettez pas que ce béni sanctuaire soit
« profané par les mains impures des suppôts de
« Satan, que l'impie pénètre dans ce lieu trois
« fois saint, pour y porter la dévastation et le sacri-
« lège ! »

Les frères montèrent ensemble de la Grotte au
Saint-Pilon, et se prosternèrent sur le rocher où
Marie-Madeleine avait tant de fois posé les pieds.
Là, dans cette petite chapelle à demi-ruinée, ils
récitèrent None de l'office de la Sainte, et chantèrent un cantique en son honneur ; c'était le chant
de l'adieu.

En retournant à Saint-Maximin, ils s'arrêtèrent
encore une fois au dernier point de la route d'où
l'on peut voir la Sainte-Baume ; et le soir ils ren-
traient dans leur noviciat.

Le lendemain, le frère Raphaël écrivait ces
lignes qui résument tout son pèlerinage : « Daigne
« Marie-Madeleine écouter les prières que je lui ai
« adressées dans la Grotte, à genoux sur la pierre
« nue, et le cœur attendri. Ah ! je lui ai dit bien des
« fois : Sainte Marie-Madeleine, ayez pitié de vos
« novices, accordez-nous le don des larmes, faites
« que nous nous repentions de nos fautes passées,

« et que nous en fassions pénitence ; accordez-
« nous enfin la grâce de rester toujours unis à
« notre divin Jésus. »

CHAPITRE III.

DEPUIS L'EXPULSION DES RELIGIEUX
DE SAINT-MAXIMIN, JUSQU'A
LA PROFESSION DU F. RAPHAEL CÉLESTIN

---

§ I.

Jour de l'expulsion.

En suivant le frère Raphaël dans le cours de son noviciat, en parcourant sa correspondance, en écoutant ses conversations intimes, on ne se serait nullement douté, que les plus graves et les plus néfastes événements se préparaient pour le pays, pour la religion, et en particulier pour son Ordre.

Ce n'est qu'à l'époque de son pèlerinage à la Ste-Baume, qu'on voit se trahir la crainte d'une invasion sacrilège, d'une séparation douloureuse de ce sanctuaire, où s'est abritée son enfance religieuse. Les appréhensions n'étaient que trop fondées, car les Décrets du 29 Mars 1880, après bien des alternatives d'espérance et d'alarmes, étaient au moment de recevoir leur exécution.

Devant ce fait qui modifia si profondément la vie de notre novice, et l'envoya dans un pays lointain, pour y mourir bientôt, on nous pardonnera de nous arrêter un instant, avec le désir de dissiper des préjugés qui peuvent exister dans l'esprit de certains chrétiens.

Si l'on veut apprécier complètement cette triste campagne et les mesures violentes auxquelles elle aboutit, il ne faut pas s'arrêter aux formalités légales dont on l'a entourée, ni aux exécuteurs officiels qui y ont attaché leur nom, les uns foncièrement haineux, les autres honteux de ce qu'ils faisaient, mais trop timides pour mettre leur conscience au-dessus de leur position. Allons jusqu'au fond des choses.

Il est au monde un pouvoir occulte, inspiré par le *Prince des ténèbres*, pour combattre Jésus-Christ et anéantir les fruits de la Rédemption. Les hommes inféodés à ce pouvoir s'étaient imaginé que l'Église du Christ, une fois dépossédée par la révolution de presque tous les droits que Dieu, pour le bien de l'homme, lui a confiés dans une société croyante, se verrait comdamnée à mourir ou à languir. Ils furent bientôt confondus dans leur attente et s'en exaspérèrent. Depuis un siècle, l'Église quoique réduite à la simple part qu'on accorde aux premiers venus dans les libertés publiques, (comme si la source de toute liberté n'était pas le bien propre de Dieu), l'Église continuait de vivre et de convertir les cœurs. Son influence, au contraire, grandissait en estime, à mesure qu'on voyait en dehors d'elle, la liberté humaine, séparée des principes du vrai et du bien, aboutir plus manifestement en dépit de ses promesses et de ses efforts, à l'impuissance, au ridicule, à la folie, au crime. Il était donc urgent pour les impies, d'abattre cette domination morale que l'Église, par le seul ascendant, de ses lumières et de ses grâces, étendait sur le pays : la guerre fut décidée.

Toutefois, il n'eût pas été prudent de combattre l'adversaire ostensiblement, et sur toute la ligne à la fois. On choisit, comme point de mire, pour frapper un coup funeste, les Ordres religieux. En effet, par leur esprit, ils se rattachent très étroitement à la vie, à la perfection primitive et au cœur même de l'Église ; et en même temps, leur tempérament et leur organisation leur permettent de s'acclimater avec une facilité particulière, sur le terrain civil tel qu'il est actuellement composé. Se débarrasser d'eux devait donc être une victoire aux conséquences incalculables.

Mais comment ménager l'opinion publique, si portée, même en dehors de toute conviction religieuse, à prendre parti pour l'opprimé contre l'oppresseur ? Comment se donner un air de justice et de tolérance dans une agression odieuse envers des citoyens paisibles et généralement estimés ? On inventa, dans l'intérêt de la cause, le prétexte des lois existantes, qui réclamaient, disait-on, leur application ; et en laissant aux persécutés un semblant de facilité pour obtenir une reconnaissance officielle, on se réserva habilement de rejeter leurs malheurs sur le compte de leur obstination.

Ce qu'on a surnommé *les lois existantes*, n'est qu'une collection de mesures législatives incohérentes, empruntées, les unes à des régimes autoritaires depuis longtemps déchus, les autres au règne de *la Terreur*. L'origine de ces dernières et la peine de mort qui constituait leur sanction, en dit assez. Du reste, comme application, elles ne survécurent pas aux jours néfastes, qui les avaien enfantées, dans des vues impies, tyranniques, spoliatrices et sanguinaires.

D'autre part, depuis lors un mouvement continu, logique et progressif s'est opéré dans l'esprit public, dans l'état social, et dans la législation qui en est le miroir. Secondé ou entravé par les divers gouvernements, ce mouvement s'est prévalu des faveurs et s'est fortifié par les oppositions. La liberté individuelle est devenue le grand patrimoine que la nation veut défendre et augmenter. Une foule de lois nouvelles ont surgi sous l'influence de cet esprit, et il réagit jusque sur les lois anciennes, pour les interpréter dans un sens favorable aux libertés publiques, si elles en sont tant soit peu capables, ou pour les abroger tacitement si elles s'en éloignent par trop.

Aussi les persécuteurs de la vie religieuse, ou plutôt du Dieu qu'on y sert, voulant réussir à tout prix, et doutant fort que les juges, interprètes et gardiens par office, de l'esprit comme de la lettre des lois, y trouvassent édictées les proscriptions résolues d'avance dans le conseil des impies, s'empressèrent de soustraire la question à ces arbitres suprêmes, pour la trancher tout seuls, se faisant à la fois législateurs, accusateurs, juges et exécuteurs.

En face de pareilles dispositions, on peut deviner quel cas il fallait faire des espérances d'approbation légale signalées à l'horizon, et qui, disait-on, auraient tiré les religieux d'une situation précaire, pour leur en donner une inattaquable. Parmi les hommes publics chargés de discuter et de conférer cette approbation, les uns se déclaraient tout prêts à la refuser, en laissant aux solliciteurs la honte de leurs prières, dont on aurait pourtant pris acte, comme renfermant l'aveu implicite de la nécessité d'une reconnaissance légale. Les autres auraient accepté, peut-être, mais pour exercer sur chaque Institut religieux une tutelle oppressive et entraver ses œuvres, en attendant que leurs successeurs changeassent ces liens de protection en un lacet pour étouffer plus sûrement l'ennemi.

Du reste, tous ces hommes eussent-ils gardé un reste de bienveillance, qu'avaient-ils à discuter et approuver dans cet ordre de choses ?

Etait-ce le côté matériel de la vie monastique, pour décider gravement, si les religieux doivent se vêtir de laine ou de lin, se nourrir d'herbages ou de viandes succulentes, se lever à minuit ou très tard le matin ? C'eût été une prétention ridicule.

Auraient-ils voulu soumettre à leur contrôle des actes de conscience, tels que la légitimité des vœux faits à Dieu, les limites de l'obéissance, les conditions requises pour faire un bon supérieur ! C'eût été une usurpation odieuse. A ce compte, la rénovation des vœux du baptême et l'émission des engagements du sacerdoce devraient être soumis à l'autorisation préalable du pouvoir. On comprend encore qu'un État chrétien demande à reconnaître

par décret les corporations religieuses, à cause des
conséquences légales qu'elles entraînent dans son
sein, des droits dont s'y dépouille l'individu, désormais mort civilement, et de ceux que la corporation
acquiert pour assurer sa stabilité. Mais sous un
gouvernement athée par ses principes et sa conduite, la vraie conclusion ne peut être qu'opposée.
Que dans le premier cas, les ordres religieux soient
légalement reconnus, c'est louable ; que dans le
dernier, ils soient *légalement inconnus*, c'est
équitable et rationnel.

Si enfin on voulait se borner à prétendre qu'un
et chacun des religieux fussent soumis aux lois
qui régissent tout bon citoyen, la chose n'était plus
à demander, car elle se pratiquait déjà. Chacun
d'eux, en effet, pour les contracts à passer, les
maisons à occuper, les droits à payer, etc., accomplit tout ce que demande la justice légale. Dans
ses entreprises extérieures et sociales, il subit
encore plus ces mêmes conditions. « Dès que
l'homme du monastère en a franchi le seuil pour
agir sur le monde, il rencontre à la porte, la loi
qui règle les actes, les droits et les devoirs de
tous. Veut-il prêcher, il a besoin du consentement de l'évêque. Veut-il enseigner la jeunesse
dans les écoles, il doit établir sa capacité devant
l'autorité chargée de la surveillance de l'enseigne-

ment. Veut-il labourer la terre de ses mains, il
doit observer les règlements de l'agriculture. »
(P. Lacordaire.) Partout, en un mot, loin d'affaiblir les lois civiles, l'homme religieux leur sert de
défense par la doctrine qu'il prêche et par les
exemples qu'il donne.

Ces raisons, pour l'intelligence desquelles, à
défaut de sentiments chrétiens, l'honnêteté naturelle suffit, impressionnaient plus qu'on ne le pense
les hommes voués à l'inique mission d'exécuter
les Décrets. Mais d'autre part, une force inexorable
les poussait, et le seul moyen qu'ils trouvèrent pour
en finir avec ces combats intérieurs, ce dépit, et ce
mécontentement d'eux-mêmes, fut d'agir vite et
brutalement. *Quod facis fac citius* (1).

Le 31 octobre avait été choisi par eux, pour
chasser de leur propre domicile les religieux de
Saint-Maximin, et pour fermer l'église où ils se
permettaient de prier Dieu nuit et jour. Tous les
gendarmes de la contrée avaient été requis. Le
couvent fut cerné dès le matin, et le Préfet ne tarda
pas à arriver conduisant dans sa propre calèche
les ouvriers chargés de l'exécution ; car, dans le
pays, il savait d'avance qu'il n'en trouverait pas
un seul. Leur besogne fut assez rude. Sous les

(1) Fais au plus tôt ton œuvre. (Paroles de Jésus à Ju-
das.)

yeux d'une population entière, toute dévouée aux fils de St-Dominique, ils restèrent plusieurs heures à travailler. Le Préfet en habit bourgeois, posté derrière une fenêtre de la mairie, suivait du regard les opérations. Le bruit des marteaux et des masses de forgeron retentissait au milieu d'un morne silence, interrompu de temps en temps par les huées des spectateurs. Cependant l'antique porte de noyer qui ferme le couvent résistait mieux que sa vétusté ne l'eût fait pressentir ; les crocheteurs découragés tentèrent l'escalade, mais en vain ; enfin revenant à la porte et lui donnant un plus furieux assaut, ils la firent céder. Aussitôt les fonctionnaires entrèrent hardiment, l'un d'eux le cigare à la bouche, dans le vieux cloître gothique, montèrent l'escalier, enfoncèrent les portes de chaque cellule où les religieux s'étaient retirés, démolirent une cloison du noviciat, et signifièrent l'expulsion à tous les habitants de ce sanctuaire de Sainte-Marie-Madeleine, dans lequel « un seul jour compta cinq rois, un siècle amena huit papes. » (Lacordaire, *Vie de S*te *Marie-Madeleine.*)

Pendant ce temps, le frère Raphaël, dans la paix de son Dieu, s'occupait aux derniers préparatifs du départ, et mettait de côté ce qui lui était le plus à cœur, le mobilier de l'oratoire et les reliques du noviciat, afin de les emporter avec lui.

Il dut éprouver un frémissement d'horreur et d'indignation en sentant se poser sur ses épaules, en signe d'expulsion violente, ces mains habituées à appréhender les malfaiteurs. Mais il offrit ce sentiment de répugnance et de fierté révoltée à N.-S. garrotté dans sa passion ; et il pensa qu'un jour, peut-être, dans les missions lointaines, il serait pris plus violemment par les idolâtres, puis immolé. Il garda donc sa tranquillité d'âme et se contenta de faire sa protestation en ces termes : *Je proteste comme citoyen français, comme catholique et comme religieux, contre la violence qui m'est faite.*

Tous les frères sortirent du couvent dans une attitude digne, modeste et résolue. Ils passaient sous une pluie de fleurs, deux à deux, entre deux haies de gendarmes dont quelques-uns pleuraient, et qui tous, partageaient les sympathies du peuple bien plus qu'ils ne cherchaient à les comprimer. Tandis que les novices défilaient, on vit l'un des plus jeunes s'incliner à terre comme pour ramasser quelque chose. C'était un anglais que, peu de mois auparavant, son père et sa mère avaient conduit à Saint-Maximin pour l'y consacrer à Dieu. Il prenait un débris de la porte mise en pièces, pour l'envoyer en Angleterre à ses parents, comme *specimen* des libertés françaises !

§ II.

Voyage de Saint-Maximin à Salamanque.
Souvenirs et leçons.

En sortant du couvent envahi et profané, le frère Raphaël et les autres religieux avaient été reçus dans plusieurs familles de la ville, qui s'étaient fait un honneur de leur offrir l'hospitalité, non seulement comme à des amis, mais comme à des confesseurs de la foi. C'est de là que, le soir même, ils se mirent en voyage pour l'Espagne. Tout était prêt d'avance ; et les compagnies de chemins de fer, comme pour montrer qu'elles ne partageaient pas les sentiments hostiles des expulseurs, avaient mis obligeamment un wagon entier à la disposition des voyageurs, avec facilité de le garder jusqu'à la frontière. Il devint donc comme un noviciat ambulant sur lequel le ciel étendit sa protection ; et les employés eux-mêmes, voyant passer tous ces religieux avec leur blanc costume, et considérant leur douce physionomie et leur jeunesse, semblaient dire : « Quel mal ont-ils fait au pays pour qu'on les chasse ? »

Si la protection de Dieu, pour le côté matériel

du voyage, ne fit pas défaut à notre Frère, les grâces spirituelles, les bonnes pensées, les pieuses réflexions, lui manquèrent encore moins. Sur tout le parcours, que de souvenirs chers à son âme !

En quittant Saint-Maximin, il salue au passage la Sainte-Baume, qu'on aperçoit de loin comme un nid d'aigle au plus haut du rocher. Il traverse Marseille, dont St Lazare frère de Madeleine fut le premier évêque. Arles lui rappelle la mission de saint Trophime, l'un des soixante-douze disciples ; Tarascon, celle de sainte Marthe qui fut l'apôtre de la cité. Plus loin, il parcourt la Camargue, sur les rivages de laquelle se trouve le village des Sainte-Maries. C'est là qu'aborda, avant de venir à Marseille, Madeleine avec Marie Salomé, Lazare et d'autres disciples du Seigneur, chassés de la Judée. Toujours la vérité eut des ennemis pour la poursuivre : toujours elle trouva une plage hospitalière pour l'abriter. Seulement la France qui accueillait alors les amis du Christ, est celle qui maintenant les chasse de son sein !

Lorsque notre voyageur eut quitté ces majestueux souvenirs des temps apostoliques et passé de la Provence dans le Languedoc, ce furent les traces de saint Dominique et de sa prédication qui se présentèrent à ses yeux : précieux souvenirs, mais surtout grandes et opportunes leçons !

Le chemin de fer annonce Montpellier. C'est près de là, que Diégo d'Osma et notre saint Patriarche, son compagnon fidèle, décidèrent les légats du pape, pris de découragement à la vue de l'inutilité de leurs efforts pour la conversion des Albigeois, à embrasser un genre d'apostolat nouveau. Leur manière de vivre et de voyager n'avait rien, sans doute, qui dépassât les convenances de leur dignité et qui fût choquant pour les mœurs de leur siècle. Mais à un grand mal, il fallait un grand remède, des exemples héroïques, capables de confondre les·chefs des sectaires et d'éclairer les peuples abusés. Les légats suivirent le conseil, renvoyèrent leurs bagages et leurs serviteurs ; et, ne conservant que les livres nécessaires à la controverse, ils s'en allèrent à pied, dans un état de pauvreté volontaire, prêcher la vraie foi.

A Béziers, comment ne pas se rappeler la patience du bienheureux Dominique? Un hérétique à qui il demandait son chemin, le voyant pieds nus, prit plaisir à le promener par des sentiers pierreux où ses pieds furent bientôt ensanglantés : *C'est une partie de notre pénitence*, disait agréablement le Saint à ses compagnons. L'hérétique fut saisi d'admiration, et, les discours de Dominique achevant de l'éclairer, il abjura sincèrement son erreur.

Voici déjà Carcasonne, Le B. Romée, grand

serviteur de la très sainte Vierge, et connu pour sa dévotion infatigable à réciter l'*Ave Maria*, a édifié cette ville, et on l'y a honoré aussitôt après sa sépulture. Mais surtout, la contrée est celle où le glorieux Dominique séjourna et travailla le plus longtemps. Qui saurait raconter ses voyages, ses souffrances, ses dangers, ses tristesses, ses prières ses joies, et les fruits de grâce qu'il fit croître dans ces terres partout couvertes d'épines! Prouille est prés de là. Les Dominicaines du second Ordre, par un acte de hardiesse, viennent de restaurer le monastère et de le repeupler, à l'heure où tant d'autres cloîtres tremblent de se voir envahis et fermés. On sait tout ce qu'y a fait saint Dominique pour la perfection des Sœurs contemplatives, appelées à suivre les Offices et toutes les observances des Pères du grand Ordre, et pour les jeunes filles nobles qu'elles élevaient près d'elles , afin de les soustraire au serpent de l'hérésie. On connaît les autres traits de la vie de notre bienheureux Père, que plusieurs monuments en pierre rappellent encore : et la gorge profonde où des sicaires voulurent l'assassiner : et le champ des moissonneurs, où il enseigna par un miracle, le respect dû au repos du dimanche (1) : et la fontaine près de laquelle, à mi-

(1) Le Saint reprochait à ces moissonneurs de travailler le jour du Seigneur ; ils se moquèrent de ses observa-

chemin entre Carcassone et Prouille, il se désaltérait après avoir mangé son morceau de pain : et le
champ dans lequel, voyageant avec le bienheureux
Bertrand de Garrigue, il traça un cercle, au milieu
duquel une pluie torrentielle les respecta. Autant
de pas, autant de signes vénérables, autant de miracles opérés, autant de pays sanctifiés !

Un peu plus loin, ce sont les traces sanglantes
des martyrs d'Avignonnet, qui furent les premiers
martyrs de l'Ordre. Les ayant attirés dans le
château fort, comme pour avoir l'honneur de leur
donner l'hospitalité, les hérétiques les massacrè-
rent à coups de poignard et de lance. Ces cham-
pions de la foi eurent néanmoins la force de se
traîner du château à l'église, et expirèrent les uns
après les autres, dans la nef, en chantant le *Te
Deum*. Du chemin de fer, on voit encore les débris
de ce château, et le ravin du haut duquel leurs corps
furent jetés au bas du village.

Lorsque les novices traversèrent Toulouse, surnommée *la Sainte*, ils purent saluer de loin le coin
de terre où saint Dominique fonda le premier couvent des Frères-Prêcheurs, et invoquer saint Thomas d'Aquin, notre Docteur, dont les reliques,

tions ; mais en regardant leurs mains encore pleines
d'épis, ils les virent teintes de sang, comme si les épis
eussent été des aiguilles perçantes.

aux débuts de la Grande Révolution, furent déposées dans la basilique de Saint-Sernin.

A quelques lieues de Toulouse, on traverse Muret célèbre par la grande victoire due aux prières de saint Dominique, plus qu'à la vaillance du comte de Montfort ; car avec huit cents Croisés, comment celui-ci aurait-il mis en fuite plus de quarante mille Albigeois ? Cette victoire porta un coup décisif aux ennemis de la patrie et de l'Église.

Il y a peu d'heures que le voyageur a passé devant Muret, quand on lui annonce, ou il devine par son cœur et par l'aspect des montagnes, l'apparition prochaine de la Grotte de N. - D. de Lourdes. Nos frères y arrivèrent le 1er novembre ; et le lendemain, ils chantaient une messe solennelle dans le sanctuaire béni. Que peut faire un religieux en effet, n'importe où il se trouve, sinon souffrir, prier et chanter. Chanter pour louer Dieu, de quelque manière qu'il nous traite ; prier pour ceux qui oublient qu'ils ont une âme à sauver ; souffrir pour servir d'expiation en faveur des malheureux qui persécutent l'Eglise ?

Le frère Raphaël n'avait pu s'unir autant qu'il l'eût désiré à toutes ces pieuses pensées, à toutes les prières aux les conversations du voyage. Soit l'effet des fortes émotions dont sa nature délicate avait été ébranlée, soit par suite du mouvement

8.

du chemin de fer, le trajet de Saint-Maximin à Lourdes, ne fut pour lui qu'une longue suite de malaises et de souffrances. Peut-être valurent-elles à ses jeunes frères d'effectuer cette lointaine péré-grination sans aucun des accidents que leur grand nombre semblait rendre inévitables.

En tout cas, la Vierge Immaculée se chargea, en son sanctuaire, d'accorder à ses enfants d'abondantes grâces intérieures. Le sourire qu'elle avait laissé à la France, en quittant Bernadette, les fils de Saint-Dominique en sentaient les bienfaits et les consolations dans le cœur. Le frère Raphaël y prit part : on en retrouvera l'impression dans les élans nouveaux qui s'élèveront de son âme vers cette Mère de plus en plus aimée.

Une autre joie bien grande l'attendait : sa sœur Théodore, religieuse dominicaine à Auch, était accourue pour lui donner au passage le baiser fraternel. C'était leur dernière rencontre sur cette terre ; ils ne devaient plus se revoir qu'au ciel. Et, ce qui est touchant, c'est qu'ils le sentaient tous deux. Sœur Théodore atteinte d'une phthisie déjà fort avancée, contrairement à ce qui arrive d'ordinaire, loin de s'illusionner sur son état, le connaissait parfaitement, et se sentait heureuse de bientôt mourir. Ces deux belles âmes parlèrent ensemble, comme autrefois Monique et Augustin au port d'Ostie , de l'éternelle félicité dont ils avaient soif. La sœur exprimait ses impatiences ; le frère, tout en la félicitant, ne lui dissimulait point sa tristesse d'avoir à demeurer sur cette terre de péché et de larmes. Quand il rejoignit les novices au départ de Lourdes, le cher enfant était tout ravi de cette conversation. Souvent il leur répéta combien il avait été heureux d'entendre sa sœur s'entretenir du ciel à la manière des Saints, avec ce visage illuminé d'avance par les joies de la patrie, avec ces expressions vraies et suaves, qui révèlent la possession commencée du bien que l'on attend.

Au-delà de Lourdes, nos voyageurs retrouvèrent encore sur leur chemin plusieurs traces de leur histoire et des gloires de leurs ancêtres. En passant à Pau, ils purent saluer la petite ville de Morlaas où naquit et où est encore honoré le bienheureux Bernard, mort à Santarem avec ses bienheureux disciples, si chers à l'Enfant Jésus (1). Orthez qui

---

(1) D'après une tradition digne de foi, le B. Bernard, fils du seigneur de Morlaas, avait dû quitter son pays pour échapper aux persécutions de son père qui voulait le faire entrer malgré lui dans les liens du mariage. S'étant consacré à Dieu dans l'ordre des frères-Prêcheurs il fut chargé à Santarem (Portugal) de l'éducation de deux enfants voués à saint Dominique. — Ces jeunes élèves travaillaient et prenaient leur goûter dans une chapelle du couvent ornée d'une statue de la Vierge

venait ensuite, est célèbre par les violences qu'exer-
cèrent les Calvinistes contre nos Pères, toujours
au nom de la liberté de conscience. Les uns durent
gagner l'Espagne en traversant les Pyrénées, les
autres furent précipités d'une haute fenêtre que
l'on voit encore. Dans certaines processions, la
coutume est que le cortège s'arrête à cet endroit ;
et le clergé tourné vers le lieu du supplice, chante,
à l'honneur des défenseurs de la foi, l'hymne des
martyrs .

Orthez, on vient de le voir, rappelait déjà le
voisinage de l'Espagne. Le petit convoi y entra
le 4 novembre, sans difficultés à la frontière. Une
partie du trajet qu'ils continuèrent, leur fit traverser la Castille ; et ces plaines immenses évoquaient
naturellement la chère image de saint Dominique
qui y passa ses premières années, y grandit, y
étudia, s'y sanctifia sous la direction de ses bienheureux parents.

tenant sur ses bras son Divin Fils. —Un jour, cédant à
leur naïves instances, Jésus descendit des bras de sa
Mère pour partager le petit repas ; puis à son tour, il
les invita, eux et leur maître, à souper dans la maison
de son Père, pour le jour de l'Ascension. — En effet, ce
saint jour, après avoir servi la Messe au B. Bernard et
communié de sa main, les deux enfants avec leur maître
saisis par une sorte d'extase s'endormirent dans le Seigneur au pied des autel. (23 Mai 1277.

A Medina del Campo, que sainte Thérèse, d'après un ordre de Dieu, choisit pour sa seconde fondation, nos frères quittèrent la grande ligne qui conduit de Paris à la capitale de l'Espagne ; et quelques heures après, en voyageant vers le sud-ouest, ils entraient à Salamanque. Le voyage entier avait duré quatre jours.

§ II

Salamanque. — Gloires antiques. — Réception charitable.

De même que Toulouse a été surnommée la *Rome française*, ainsi Salamanque se glorifie d'être appelée la *Rome d'Espagne*. Ses diverses coupoles que l'on aperçoit de loin et qui contrastent avec le caractère massif des autres églises de la contrée, donnent, en effet, quelque idée de la Ville-Eternelle regardée en particulier du côté de St-Pierre. Quant au magistère qu'elle exerça dans la science sacrée, l'histoire de la théologie en porte partout les traces.

Ce ne fut pas sans un certain saisissement que nos émigrés entrèrent dans l'antique couvent de San Esteban destiné, par la sollicitude du Révérendissime Père Larroca, Général de l'Ordre, à leur servir de retraite, afin que là, ils pussent continuer en paix leurs observances régulières, comme à Saint-Maximin, et garder le feu sacré de l'esprit dominicain.

Pour les encourager à se montrer dignes de la confiance du Supérieur Majeur et à reprendre avec émulation leurs études interrompues, Salamanque leur rappelait bien des noms vénérés, bien des faits d'un passé fameux. Les Soto, les Melchior Cano, les Bannès et tant d'autres occupèrent une place d'honneur dans son Université, l'une des plus célèbres du monde.

Sous le rapport du zèle apostolique, San Esteban a donné aussi ses fruits. Le Bienheureux Alphonse Navarette y demeura avec plusieurs autres missionnaires, avant de partir pour le Japon où ils devaient tous ensemble offrir leur vie pour la foi, dans la persécution qui aboutit à ce qu'on appela, « le Grand Martyre. » Une partie du corps de l'un d'eux, le B. Alphonse de Mena, fils du couvent de San Esteban, se conserve dans une chapelle de l'église, tout calciné par les flammes du bûcher.

Pour ce qui concerne la vie spirituelle et la science mystique, nos Pères de Salamanque firent preuve de leurs lumières ; et leur mémoire est en bénédiction, à cause de l'assistance qu'ils donnèrent à sainte Thérèse. Elle y trouva surtout l'appui du P. Bannès, sur l'ordre duquel elle composa le *Chemin de la perfection*. Dans l'Église de San Esteban, on montre encore le confessionnal de pierre où elle venait conférer avec lui, quand l'établissement de ses filles n'était point encore achevé, ni consacré par la clôture. Elle fit même à Salamanque un miracle qui se rattache à ces souvenirs. Une petite fille de famille noble était à l'extrémité. Ses parents la recommandèrent à notre Sainte qui se mit en oraison. Alors, saint Dominique et sainte Catherine de Sienne lui apparurent et lui dirent que sa prière était exaucée ; mais qu'en reconnaissance de cette faveur, il serait agréable à Dieu que la miraculée portât pendant un an l'habit dominicain. Thérèse sentant qu'elle ne pouvait parler de ce dernier article sans parler en même temps de la vision dont elle venait d'être favorisée, confia l'un et l'autre au P. Bannès qui parla aux parents. L'enfant porta, en effet, l'habit de Saint Domnique pendant un an.

Les gloires humaines se surajoutent à celles que l'on vient d'indiquer, pour compléter les titres du couvent de San Esteban à la vénération. C'est là que Christophe Colomb, soutenu par le Prieur et par un des religieux, professeur des sciences, exposa ses vues sur la découverte du Nouveau Monde, devant l'Université, en corps, et devant la reine Isabelle elle-même, qui consentit enfin à seconder les plans de l'homme de génie. Il n'oublia point cet appui reçu à une époque ou presque tout le monde était contre lui. Plus tard il aimait à redire, et il consigna par écrit, « que si les rois d'Espagne avaient dans le Nouveau-Monde un Empire, ils pouvaient en remercier les dominicains de Salamanque.

L'Église du couvent, érigée maintenant en paroisse, est ce qu'il y a de plus remarquable dans la ville, en fait d'architecture religieuse, après la cathédrale gothique qui domine tout le pays, et la superbe résidence des Jésuites bâtie par Philippe III. Elle se fait distinguer par la hardiesse de son ogive, et le rétable doré dans le goût du xviiie siècle, qui remplit tout le fond du transept. La façade, contrairement au dicton « que jamais église dominicaine n'eut sa façade achevée, » est une des plus brillantes qu'on puisse voir : toute dentelée de sculptures, elle représente en bas-reliefs de gandeur naturelle, les principales scènes de notre histoire, avec le martyre de saint Étienne au sommet. A côté de l'église, se trouve un magnifique cloître qui lui sert de complément et qui est accessible aux fidèles, en sorte que le peuple entier peut y suivre les processions mensuelles du Rosaire et du Saint Nom de Jésus.

Dans l'intérieur du couvent de San Esteban se trouvent plusieurs salles grandioses et bien conservées, telles que la sacristie, le chapitre et l'*atrium*, appelé aussi, *Salle de Colomb*, parce que le grand chrétien et le grand homme y fut accueilli solennellement en arrivant à Salamanque.

Dans l'enclos, on remarque sur un tertre, une vieille croix de pierre. Elle a été érigée comme mémorial d'un grand miracle de saint Vincent-Ferrier. Il prêchait sur ce monticule, en plein air, et il adjurait le peuple d'obéir à ses enseignements, en ajoutant qu'il était « l'ange de l'Apocalyse. » Un mouvement dans l'auditoire lui fit comprendre qu'on regardait ses paroles comme excessives. Pour prouver qu'elles étaient vraies, il dit : « Allez à la « porte de Saint-Paul, vous y trouverez une morte « qu'on conduit au cimetière ; amenez-la ici, et « vous aurez la preuve de ce que je vous affirme. » En effet, on trouva le convoi funèbre et l'on apporta la défunte dans son cercueil, que l'on plaça de façon à ce que tout le monde pût le voir. A la parole du Saint, la morte ressuscita et s'écria : « Père, ce que vous dites est vrai. » Elle vécut ensuite un bon nombre d'années, glorifiant Dieu.

Cette croix fut une protection pour le couvent, lors de l'invasion française sous Napoléon 1er. Le général Soult hésitait s'il en sacrifierait les constructions l'intérét de la stratégie. Voyant la vieille croix sùr le monticule du jardin, il demanda ce qu'elle signifiait. Le nom de saint Vincent réveilla en lui des souvenirs d'enfance, car il était né du côté de Toulouse où le grand Thaumaturge a prêché plusieurs fois et a laissé de profonds souvenirs. Touché d'un sentiment inattendu de respect, il établit son quartier général dans l'édifice et le préserva ainsi de la ruine (1).

Les Pères espagnols ayant été chassés de cette antique demeure par la révolution de 1823, une partie du couvent tomba peu à peu en ruines. Mais il venait d'être rendu à nos Pères par la bienveillance de Mgr l'évêque de Salamanque et celle du gouvernement espagnol, quand il fut question de l'expulsion des religieux français. Le Provincial d'Espagne, avec une charité imcomparable, activa les réparations pour pouvoir accueillir les novices de Saint-Maximin. Lorsqu'ils arrivèrent, une grande parti des cellules et des salles communes étaient restaurées.

(1) On sait la fatale issue de la guerre d'Espagne. Les Français perdirent, en particulier, près de Salamanque, sur les Anglo-Espagnols commandés par Wellington, une bataille dite *des Arapyles*. Un grand nombre de nos blessés furent recueillis, par les habitants, dans l'église de San Esteban ; et l'on dit que plusieurs milliers succombant aux suites de leurs blessures, furent enterrés dans le cloître et les alentours.

L'installation des nouveaux venus se fit donc en peu de temps, et mieux qu'on n'eût pu s'y attendre, grâce aux secours accordés par les comités de Paris, de Marseille, de Toulouse, etc.; et grâce à la générosité d'un certain nombre de bienfaiteurs et bienfaitrices, dont les noms sont écrits sur le Livre de Dieu. S'il manquait encore quelque chose, les Sœurs Dominicaines de Salamanque et les Pères Jésuites qui dirigent le grand séminaire, y suppléèrent avec un empressement tout cordial, digne de la plus profonde reconnaissance.

Quant aux principaux habitants de la Ville, dignitaires du chapitre, professeurs, pieux laïcs, dès le premier jour ils entourèrent nos religieux de leurs sympathies les plus vives, imitant en cela, la bonté et la sollicitude de leur premier pasteur Monseigneur Izquierdo. « De nos jours, disait l'un d'entre eux, votre meilleur asile est sans contredit l'Espagne ; et dans l'Espagne, c'est Salamanque. »

Le Frère Raphaël prit joyeusement la cellule qui lui fut assignée ; d'autant mieux qu'il voyait de sa fenêtre la croix de saint Vincent-Ferrier, pour lequel il avait depuis longtemps une grande dévotion. Il se mit bientôt au courant des usages du couvent, pour pouvoir rendre au noviciat tous les services de charité qui étaient dans ses habitudes. S'il rencontra des privations inévitables, soit dans le voyage, soit dans l'installation, par suite du changement de climat et de coutumes, il les regarda comme rien, en comparaison de ce qui pouvait l'attendre un jour dans la vie de missionnaire. Ce point de vue lui était utile partout, dans les choses de la vie matérielle comme dans celles de la vie spirituelle.

Écrivant, dans le cours de décembre, à sa sœur dominicaine d'Auch, il ne lui parle que de la bonté de ses supérieurs et de la grande charité des religieux espagnols. Des privations de l'exil, il n'en est pas question, sinon pour dire qu'il n'en sent aucune :

« Je suis tout occupé à réformer ma vilaine na-
« ture et à acquérir les solides vertus dont un en-
« fant de saint Dominique et de l'Immaculée doit
« être orné. Demandez pour moi à Marie et au di-
« vin Enfant qui va naître de son chaste sein, les
« belles vertus d'humilité, de renoncement, d'obéis-
« sance complète et de persévérance. Vous me
« rendrez en cela le plus grand des services que je
« puisse attendre. L'exil ne nous éprouve guère,
« nous autres novices ; tous les soins de nos bons
« Pères sont pour nous. Le Père Provincial d'Es-
« pagne est toujours dans le couvent avec un frère
« convers. Il surveille les travaux de réparation,
« qui s'achèvent peu à peu. Il est pour nous d'une

« rare bienveillance . Nous nous disposons à lui
« souhaiter la bonne année, la veille de Noël. »

C'est qu'en effet, en Espagne, comme à Rome,
dans une pensée toute chrétienne et toute aimable,
on regarde l'avènement de l'Enfant-Jésus comme
le vrai commencement de l'année ; et c'est alors
qu'on adresse à ceux que l'on chérit, les souhaits
et les vœux pour l'année qui va suivre.

§ IV

**Retraite de profession. — Pénitence et com-
ponction. — Esprit des trois vœux.**

Quelques semaines avant la fin de son noviciat,
le frère Raphaël fut appelé à la profession par la
décision de ses supérieurs et les suffrages de ses
frères. Aux yeux de Dieu, il y avait longtemps que
son cœur était prêt, et que son offrande avait été
agréée. Mais l'Église a des règles très sages ; elle
défend d'admettre aux vœux qui que ce soit, avant
l'achèvement rigoureux et complet de l'année de
probation. Il le faut ainsi, pour que personne ne
s'engage avec précipitation, et sans se rendre
compte s'il est de force à porter le fardeau.

Les approches d'un acte si saint et qui engage

toute la vie, furent pour le bon novice l'occasion
d'un redoublement de ferveur, et il voulut, par une
retraite semblable à celle des Apôtres dans le Cé-
nacle, se rendre aussi digne qu'il le pourrait, de
recevoir la plénitude de l'esprit religieux, en même
temps qu'il ferait extérieurement profession.

Dans cette retraite, les pensées douces et joyeuses qui prévalaient ordinairement en son cœur,
semblent avoir fait place, sous une nouvelle direction de la grâce, à des pensées plus austères.

L'esprit de pénitence et de componction est le
sentiment qui domine les autres, comme on peut en
juger par les notes suivantes :

« *Recogitabo tibi omnes annos meos in amari-
tudine animæ meæ* (1). »

« Dix jours me séparent donc du moment où je
« promettrai à Dieu, à sa Mère immaculée, ma
« Souveraine, à mon Père saint Dominique et à son
« représentant sur la terre, le Maître Général des
« Frères Prêcheurs, une obéissance entière, com-
« plète, jusqu'à la mort.

« Par vous, ô Jésus, mon amour, je me livrerai
« sans réserve entre les mains paternelles de mon
« Créateur ; et par vous, ô Immaculée, mon unique
« espérance, je me livrerai à Jésus. Mais qui m'ai-

(1) Je repasserai devant vous, mon Dieu, toutes mes
années, dans l'amertume de mon âme. (Is. xvııı. 15.)

« dera à me donner à vous, ô Mère ? Un espace
« immense me sépare encore de votre sublimité.
« Ce sera vous, bienheureux Père saint Dominique.
« Oui, je veux que vous vous chargiez de me don-
« ner à Marie ; et ainsi je serai sûr d'être accepté
« comme son enfant, lui appartenant en propre et
« sans retour. De moi-même, je ne saurais me
« présenter, chargé comme je le suis de mille ini-
« quités.

« Ah ! si du moins, après ces dix jours de re-
« traite, j'étais changé en un homme nouveau ! Si
« je recevais dans leur plénitude les dons de l'Es-
« prit vivificateur, quel bonheur ne serait pas le
« mien ! !

« Marie, mon espérance, c'est en votre aimable
« compagnie que je veux passer ce temps de la
« retraite. Il importe beaucoup que je la fasse bien,
« puisqu'elle doit avoir une si grande influence sur
« le reste de ma vie, et puisque Dieu m'en deman-
« dera un compte sévère au jour du jugement. »

Ces pensées graves le conduisaient à méditer sur
la justice de Dieu, et il disait :

« O mon Dieu, faites-moi la grâce de profiter
« du temps de votre miséricorde. Donnez-moi sur-
« tout, d'être miséricordieux pour les autres, puis-
« que vous avez promis le ciel à ceux qui pardon-
« neront à leurs frères. Faites, ô mon bon Jésus,

« que la prière que je vous adresse chaque jour soit
« pleine de vérité : « Pardonnez-nous nos offenses,
« comme nous les pardonnons à ceux qui nous ont
« offensés. » Oui, mon Dieu, je veux aimer mon
« prochain de cet amour dont vous désirez que je
« l'aime, c'est-à-dire que je veux fermer les yeux
« sur ses imperfections, et ne considérer que mes
« profondes misères. Pardon, mon Dieu, et pitié !
« Jugez-moi à présent, condamnez-moi à la peine
« que vous voudrez, pourvu que vous m'accordiez
« la grâce et la force de la subir, afin qu'au sortir
« de la vie présente, je n'aie pas à redouter un ju-
« gement que je n'aurais pas voulu encourir sur
« cette terre.

« O Mère de mon Jésus et ma Mère, rendez-moi
« votre Fils favorable, lorsqu'il viendra dans toute
« sa majesté à la fin des temps, pour juger les vi-
« vants et les morts et rendre à chacun ce qu'il
« aura mérité.

« *Résolutions :* 1º Juger favorablement tous mes
« frères, excusant leurs intentions, si parfois je
« suis témoin de quelque transgression.

2º M'abstenir avec grand soin de toute pensée,
« parole, signe, geste contraires à la réputation de
« mon prochain. »

Après s'être encouragé à l'esprit de pénitence et de
compassion par la crainte des jugements de Dieu,

il s'y excitait par un motif encore plus persuasif et
plus puissant, celui de l'abnégation et de la bénignité
de Notre-Seigneur :

« Mon divin Jésus, lui disait-il dans l'oraison,
« que vous êtes admirable pour votre patience et
« votre douceur à supporter le mépris ! Que vous
« me faites rougir, moi, digne de tout le mépris des
« hommes, et cependant si peu soumis à la main
« paternelle qui me frappe pour mon bien. Oh ! que
« je suis malheureux d'imiter si peu mon divin
« Exemplaire. Marie, ma bienveillante Mère, pour-
« quoi souffrez-vous donc depuis si longtemps que
« je sois si orgueilleux, si impatient, si porté à me
« plaindre lorsque m'arrive une chose qui contra-
« rie ma nature ? Si, pour le moment, je n'ai rien
« commis de blâmable, quel mal n'ai-je pas fait
« dans le passé, sans en recevoir le juste châti-
« ment ? Il faut cependant expier ses fautes, ou en
« cette vie ou dans l'autre ; c'est donc un grand
« bonheur pour moi d'avoir l'occasion de faire
« pénitence ici-bas, afin que je sois justifié là-haut.
« Jésus, Marie, ne permettez plus que je reçoive
« avec mauvaise humeur et avec chagrin vos sa-
« lutaires corrections.

« Ma bonne mère, merci ; je vois que vous m'ai-
« mez, puisque sous exaucez mes prières, en me
« donnant des occasions de me faire violence. »

9.

Quant aux troix vœux de Pauvreté, de Chasteté et d'Obéissance, qu'il se préparait à prononcer, telles sont les réflexions que la grâce faisait prédominer dans son esprit : « Pourquoi, ô mon aimable « Jésus, vous soumettez-vous à une indigence si « grande? C'est sans doute, pour m'apprendre à « aimer comme vous la pauvreté. Eh bien oui, mon « Maître, je vais vous promettre d'une manière « irrévocable, d'observer cette vertu pendant toute « ma vie. Je ne veux que vous; et avec vous ne « suis-je pas infiniment riche?

« Quel bonheur de n'avoir à m'occuper de rien « de périssable, mais uniquement de vous, ô mon « Dieu, le Bien par essence, le Bien qui ne change « jamais !

« Ce bonheur sera le mien; car demain, oui, « demain, je vous prendrai pour mon unique partage, en renonçant librement et avec joie à tout « ce qui n'est pas Vous.

« Notre-Seigneur Jésus-Christ m'a donné encore « un parfait exemple de la vertu angélique. Tout « dans sa Personne adorable ne respire que cette « belle vertu. Quelle modestie! quelle retenue! A « votre exemple, ô mon Jésus, je ne veux avoir de « pensées, de désirs, d'affections que pour ce qui « est pur, saint, irrépréhensible. Je désire, ô mon « divin modèle, avec votre grâce et le secours si

« rassurant de Marie, je désire conserver sans ta-
« che la blanche robe dont vous allez me revêtir
« en ce beau jour de ma profession religieuse. Ac-
« cordez-moi cette grâce, ô Vierge très chaste.
« Faites, que tout en comptant sur vous pour un si
« ineffable bienfait, je ne cesse de prier afin de
« l'obtenir, et que, toute ma vie, je traite mon corps
« comme un cruel ennemi.

« Il est écrit de Jésus : *Factus est obediens usque*
« *ad mortem, mortem autem crucis.* Oui, ô mon
« très aimable Modèle, vous vous êtes fait obéis-
« sant jusqu'à la mort et jusqu'à la mort de la croix !
« Vous avez obéi à votre mère, vous avez obéi à
« votre père nourricier, quoiqu'ils ne fussent que
« des créatures, et que vous fussiez Dieu. Vous
« vous êtes soumis aux persécutions du prince im-
« pie qui vous obligeait de fuir en Égypte. Ce que
« je remarque dans votre obéissance, c'est qu'elle
« a toutes les qualités qui conviennent à l'obéis-
« sance religieuse.

« L'obéissance que nous promettons à Dieu,
« doit, comme la vôtre, être prompte, s'étendant
« aux plus petites choses et aux plus grandes ;
« elle doit être de tous les instants (*usque ad mor-
« tem*) ; elle doit-être surtout joyeuse. Oui, il faut
« obéir avec joie à nos supérieurs dès que leurs
« intentions nous sont connues, n'importe le degré

« de science ou de sainteté qu'ils peuvent avoir ou
« n'avoir pas. On doit considérer en eux Notre-
« Seigneur, et rien autre chose.

« O mon doux Jésus, obtenez-moi l'amour vrai
« de cette vertu. Faites que je sois fidèle à mon
« vœu d'obéissance tel que je le formulerai bientôt,
« *usque ad mortem*... Marie, ma bonne mère,
« priez pour moi, demandez pour moi à votre divin
« Fils cette obéissance, aussi belle que doit la pra-
« tiquer le religieux de saint Dominique. J'attends
« de vous, ô Mère, cette rare faveur. »

§ V

Jour de la profession.

Ce fut le 11 janvier 1881 que le frère Raphaël
fit profession. Quelques heures avant, il exhalait
dans les termes suivants, les sentiments de son
âme : « O mon très doux et très aimable Jésus,
« mon unique et souverain Maître, je vous donne,
« afin que vous en disposiez à votre gré, pour tout
« le reste de ma vie, mon âme, mon esprit, ma
« volonté, mon corps, tout moi-même. Je vous fais
« cette offrande par votre Mère immaculée, ma
« mère aussi. Je prends pour témoin de ma dona-

« tion irrévocable, saint Joseph, votre père nour-
« ricier, mon bienheureux père saint Dominique,
« mon glorieux patron saint Raphaël, ma séra-
« phique mère sainte Catherine de Sienne, l'illustre
« repentante de la Sainte-Baume, Marie-Madeleine,
« saint Vincent Ferrier, saint Laurent mon patron
« de l'année, saint Thomas d'Aquin et saint Pierre-
« Martyr.

« Je vous conjure, ô mon aimable Jésus, de re-
« cevoir cette offrande, car elle est sincère. Prenez-
« moi tout entier et ne me rendez rien. Vous seul,
« vous seul, vous seul me suffisez pleinement. *Pau-*
« *vreté, chasteté, obéissance*, voilà les trois vœux
« que j'espère observer fidèlement pendant toute
« ma vie, avec votre grâce et le secours de Marie.
« Jésus, miséricorde ! Marie, ayez pitié de votre
« enfant. »

Comme on sent davantage, au moment de la profession, le besoin qu'on a d'une foule de grâces
pour correspondre à sa vocation; et comme le sacrifice qu'on va faire, donne aussi une sorte d'autorité sur le cœur de Notre-Seigneur pour les obtenir, telles étaient les grâces que le frère Raphaël
priait Jésus de lui accorder par Marie : « En retour
« de la donation que je fais de moi-même par les
« trois vœux, auxquels je tiendrai plus qu'à ma
« vie, je vous conjure, ô mon Jésus, qui descendez

« chaque jour sur l'autel pour vous donner à moi,
« malgré mon indignité, je vous conjure de m'ac-
« corder une profonde humilité, une obéissance
« virile, un entier renoncement à ma propre vo-
« lonté et à mon pauvre jugement. O doux et hum-
« ble Jésus, rendez mon misérable cœur semblable
« à votre cœur. Faites-moi souffrir autant que vous
« le voudrez ; mais donnez-moi la persévérance
« dans votre amour.

« Marie Immaculée, c'est le moment de prouver
« que vous êtes véritablement ma mère ; ô l'unique
« maitresse du Frère-Prêcheur, montrez-moi que
« vous m'aimez, en me présentant vous-même à
« votre Jésus. Saint patriarche Dominique, c'est
« pour toujours que je vais devenir votre enfant :
« donnez-moi surtout *votre esprit*, je vous le de-
« mande très humblement. Saints Martyrs, accor-
« dez-moi la grâce d'être martyr par l'observance
« de mes constitutions. O Dieu, je vous offre aussi
« mon père spirituel, tous mes frères et tous mes
« parents.

« Jésus mon amour, miséricorde ! Marie imma-
« culée, soyez mon salut ! »

Ce fut dans ces dispositions qu'il fit sa profession
selon le cérémonial de l'Ordre, qui est très simple,
mais d'autant plus grand et plus expressif. Il commença par se prosterner à terre, les bras en croix,

et demanda comme au jour de sa vêture, *la misé-*
ricorde de Dieu et celle de l'Ordre. Puis, agenouillé
aux pieds du Supérieur, il mit ses mains dans les
mains de celui-ci par manière d'hommage, pour
montrer qu'il se considérait comme vraiment « pris
entre les mains de l'autorité, » *mancipatus* (1) ; et tenant sur ses mains et celles du Prélat le livre des
Constitutions, pour affirmer qu'elles seraient la règle de sa vie, il prononça la formule de la profession. Les vœux de pauvreté et de chasteté n'y sont
pas mentionnés ; car ils sont contenus dans le vœu
d'obéissance, qui, à lui seul, renferme tout. Il pro-
mit obéissance au Prieur comme tenant la place
du Père Général, afin d'affirmer l'unité de l'Ordre
sous un même chef, qui, au nom du St-Siège, exerce
une juridiction immédiate sur tous les religieux,
dans quelque province ou emploi qu'ils se trouvent, et peut les envoyer partout où il lui plait.

Après la formule de profession, on lui couvrit la
tête de son scapulaire que l'on bénit, et le Supérieur
l'embrassa. Il était lié par la profession pour toute
la vie ; il était de la famille de saint Dominique
même au-delà de la vie, à tout jamais.

Si les cérémonies extérieures furent courtes et
sans apparat, il y avait grande fête dans l'âme du
jeune profès. Il ne pouvait plus y contenir la joie.

(1) Manu captus.

« O heureux jour ! écrivait-il, ô moment fortuné,
« où j'ai dit à mon Dieu : Me voici, très aimable
« Jésus, je me donne à vous pleinement, prenez-
« moi tout entier et gardez-moi à vous toujours !
« Vous seul, ô mon Jésus, vous seul, vous seul me
« suffisez. Oh ! que mon sort est vraiment beau !
« *Funes ceciderunt mihi in præclaris*. (Ps. xv. 6)
« Oui, mon souverain Bien, je ne veux que vous ;
« et quel riche trésor ne possède-t-il pas, celui qui
« vous possède ! ! ! O Marie, ma mère, quelle bonté
« de votre part, de me donner ainsi à votre Fils,
« moi si misérable, qui l'ai offensé si souvent. Saint
« Joseph, aidez-moi à remercier dignement Marie,
« aidez-moi à aimer Jésus de plus en plus, et à lui
« rester fidèle toute ma vie. Plutôt mourir ; oui,
« plutôt quitter la terre mille fois, que d'être sacri-
« lège un seul moment.

« Bien-aimé Père saint Dominique, vous comp-
« tez un enfant de plus dans votre nombreuse fa-
« mille, faites-moi la grâce d'être un enfant véri-
« table ; donnez-moi votre esprit, je vous en conjure ;
« faites moi la grâce d'aimer de plus en plus ma
« belle et sublime vocation, d'observer fidèlement
« pendant toute ma vie, les saintes règles de votre
« Ordre, et de mourir plutôt que de manquer à
« aucun des trois vœux que je viens de prononcer
« devant l'autel. »

« Saint Raphaël, mon illustre patron, conduisez-
« moi à travers les sentiers de cette vie, et faites-
« moi arriver heureusement au port du salut. Ma
« séraphique mère, sainte Catherine, vous savez
« que depuis que je vous connais, je vous chéris
« tendrement ; je vous supplie donc de m'obtenir
« la grâce d'aimer Jésus et Marie, comme vous les
« avez aimés, d'accomplir avec exactitude tous les
« devoirs de mon état, d'acquérir l'humilité, l'obéis-
« sance et la charité ; d'être, en un mot, fidèle à
« toutes mes promesses.

« Sainte Marie-Madeleine, illustre protectrice de
« mon pays, obtenez-moi la grâce de pleurer mes
« péchés, aussi nombreux que les sables de la mer,
« tous les jours de ma vie ; faites qu'à votre exem-
« ple, je conçoive une grande douleur de mes fau-
« tes passées, et que j'en fasse pénitence.

« Et vous, glorieux saint de mon Ordre, mon
« cher frère en Saint-Dominique, saint Vincent
« Ferrier, obtenez-moi un grand amour du silence,
« une tendre dévotion envers notre Mère du ciel, et
« le zèle apostolique ; afin que marchant, quoique
« de bien loin, sur vos traces, j'aille conquérir des
« âmes à Jésus-Christ.

« A vous, saint Laurent martyr, que la divine
« Providence m'a donné pour patron de l'année (1),

(1) Chaque année, le jour de l'Épiphanie, c'est l'usage

« je demanderai la grâce que j'ambitionne tant,
« l'honneur de souffrir le martyre pour Marie (1).

« Grand saint Thomas, ange de pureté, donnez-
« moi l'intelligence de votre profonde doctrine,
« mais surtout, obtenez-moi une grande pureté de
« corps et d'âme, c'est la grâce que j'ambitionne.

« Enfin, illustre martyr de notre Ordre, saint
« Pierre, je vous demanderai, à vous aussi, la
« même grâce que j'ai demandée à saint Laurent,
« celle d'être digne d'offrir ma vie pour la vérité.»

« Jésus, Marie, Joseph, je vous donne mon cœur,
« mon esprit et ma vie. »

« Jésus, mon amour, miséricorde ! Je ne veux
« aimer que Vous, par Marie. »

« Marie, mon espoir, soyez mon salut ; je veux
« vous aimer, pour aller plus vite à Jésus. »

« Joseph, remettez-moi tous les jours, entre les
« mains de Jésus et de Marie. »

Deus meus et omnia !

« Jésus et mon tout, c'en est assez !... »

dans l'Ordre, de tirer un saint patron et une sentence
pour chacun des religieux ; et très souvent la Providence
daigne, par les hasards du sort, faire arriver à chacun la
maxime, ou la correction qui lui est la plus salutaire.

(1) Saint Dominique a donné à ses fils l'exemple d'un
pareil désir : « Sa plus sensible joie eût été de mourir
pour soutenir la gloire de Marie, et ses qualités singu-
lières de Vierge et de mère de Dieu. » (P. Giry. *Vie des
Saints.*)

Depuis ce jour de sa profession, le frère prit pour habitude de renouveler souvent ses vœux, dans le secret de son cœur. Il aimait que les supérieurs lui commandassent cette pratique par obéissance ; et, en l'absence du Père-Maitre, il priait celui qui le remplaçait de la lui donner pour pénitence. Elle *ressuscitait* en lui la ferveur de sa profession (1) ; et Dieu, sans doute, lui en renouvelait en même temps et lui en augmentait progressivement les grâces..

§ V

Désolation intérieure. — La sainte communion ramène la confiance.

Ne croyons pas que la ferveur si admirable du frère Raphaël coulât de source, comme un effet naturel de son caractère, et ne fût jamais contrariée par le grand ennemi des serviteurs de Dieu. Il est, pour les âmes justes, des heures sombres qui succèdent, de temps à autre, aux merveilleuses clartés de l'oraison ; et la tentation se présente alors pleine de terreurs et d'angoisses. Sainte Rose de Lima connut cette épreuve et y montra un prodigieux

(1) Admoneo te ut ressuscites gratiam Dei quæ est in le. (II. Tim. i. 6.)

courage . Un changement subit s'opérait parfois dans son âme ; elle se voyait seule dans un désert, au milieu d'une nuit épaisse ; tout sentiment des choses de Dieu avait disparu. Pendant quinze ans, il ne se passa pas un seul jour sans que la jeune vierge fût ainsi réduite à l'agonie, pendant une heure et plus ; et l'habitude, loin de diminuer son tourment, ne servait qu'à le rendre de plus en plus intolérable. Les consolations qui suivaient, « inondaient, il est vrai, son âme en proportion de la grandeur de ses peines (1) » ; mais le lendemain, à heure fixe, le même supplice recommençait.

Notre frère, dans son noviciat simple, avait eu une journée remplie de doutes, de ténèbres et de larmes ; on l'avait compris, car dans sa désolation il avait demandé autour de lui des prières. Une autre tentation plus forte coïncida avec l'époque de sa profession.

Un matin, il se sentit plongé, dès le réveil, dans une indicible mélancolie. Ce n'était pas, comme au lendemain de sa prise d'habit, le souvenir du passé, de sa famille et de son père, qui le tourmentait ; c'était la perspective de l'avenir. Celui-ci se montrait à lui sous un aspect sombre, et même inquiétant pour son salut éternel. D'un côté, il se voyait fixé d'une manière irrévocable dans un état, où ne

____

(1) Ps. xciii. 19.

pas tendre à la perfection, c'est reculer dans la voie du ciel ; de l'autre, il se croyait réellement incapable de satisfaire aux obligations strictement imposées à tout enfant de saint Dominique.

Toutes les âpretés de la vie religieuse se présentaient à son âme, rassemblées dans un tableau décourageant. S'il ne lui paraissait pas radicalement impossible, du moins il lui semblait très difficile et très pénible, après avoir suivi plusieurs années les cours d'un grand séminaire et avoir fait une année de noviciat simple, de travailler sans relâche, pendant quatre ou cinq ans, à la théologie scolastique, de se lever chaque nuit pour l'Office, de châtier son corps par les jeûnes, l'abstinence perpétuelle et autres macérations, d'être, en tout, et jusqu'à la fin de sa vie, contrarié dans sa volonté. Il se sentait donc en proie à de pénibles agitations ; sa journée se passa à méditer sur son état, et cette méditation fut loin de le rassurer.

« Il n'y a que deux semaines que je suis profès,
« se disait-il, et déjà j'ai manqué bien des fois aux
« saintes constitutions de mon Ordre. Je suis donc
« bien coupable devant Dieu qui m'a tant aimé. Ce
« Maître pourtant si bon, ne tiendra plus compte
« de mes sacrifices, il n'écoutera plus ma prière,
« puisque je l'ai abandonné, après lui avoir promis
« une entière obéissance. O mon Jésus ! ô ma Mère!

« qu'ai-je fait de mes vœux ? où son mes promesses
« du 11 Janvier ? » — Plus il méditait, et plus le
nuage déjà si épais étendu sur sont intelligence,
s'obscurcissait, et l'empêchait de regarder la divine bonté. Il était donc enveloppé dans une noire
tristesse, tourmenté par une angoisse dont il ne
voyait pas la fin.

Cependant l'heure d'aller prendre son repos arriva ; il fit ses prières d'usage avant d'aller se mettre sur son lit, et il s'agenouilla en particulier devant
la petite statue de sa Mère du ciel, qui chaque soir,
recevait ses confidences dernières . Il demanda
pardon à cette miséricordieuse Vierge, d'avoir si
mal passé la journée ; il la supplia de lui donner
du courage, et de ne pas permettre qu'il fût jamais
vaincu par son ennemi . O salutaire effet d'une
prière humble et patiente ! A l'instant même, il se
trouve exaucé ; la paix est rendue à son esprit et la
joie à son cœur. Le voile sombre se déchire tout à
coup, et il comprend, il voit, il sent toute la vérité.
« Je suis un abîme de misère, c'est manifeste,
« s'écrie-t-il ; je ne puis rien de moi-même ; impos-
« sible, avec mes propres forces, d'accomplir les
« devoirs que m'impose ma sublime vocation ; mais
« Jésus est un abîme de miséricorde et de bonté.
« Or, *abyssus abyssum invocat.* (Ps. xLI. 8) « un
« abîme appelle un autre abîme. » L'abîme de mon

« néant appellera donc l'abime de la miséricorde
« de mon Sauveur, et ainsi mon *rien* sera comblé
« par le *Tout* ; et ainsi, uni à Jésus, ne faisant
« qu'un avec Jésus, je serai plus fort que le monde
« entier.

« Mais ce prodige, où s'opérera-t-il complète-
« ment ? au banquet sacré. J'irai demain à la table
« sainte, et là, le prêtre du Très-Haut me donnera
« son Jésus qui deviendra à l'instant mon Jésus,
« c'est-à-dire mon *Sauveur*. Je recevrai Celui qui
« est la Lumière, et les ténèbres épaisses de mon
« âme seront dissipées ; je recevrai Celui qui est la
« Vérité, et l'erreur fille de l'esprit du mensonge,
« disparaîtra, et je constaterai que si je ne puis
« rien sans Jésus, avec Lui je puis tout. »

« O mon Maître ! que mon cœur vous désire
« ardemment ! »

Depuis lors, la seule pensée qu'il communierait le
lendemain, qu'il recevrait l'ami et le consolateur
de l'âme affligée, le remplissait chaque soir d'une
délicieuse espérance, le comblait d'une sainte allégresse. A cette pensée, plus rien ne lui paraissait
difficile, il s'estimait le plus heureux des hommes;
et il bénissait sincèrement son divin Sauveur, et
Marie sa bonne mère de lui avoir donné une telle
vocation.

« La sainte communion, concluait-il, est donc

« pour moi absolument indispensable . Elle est
« l'arme la plus invincible que je puisse opposer à
« l'ennemi de mon âme ; elle est le bouclier invul-
« nérable contre lequel viennent frapper en vain
« les dards empoisonnés de ce serpent. Elle est
« une aurore lumineuse à l'approche de laquelle
« s'évanouissent les ombres de la nuit.

« La sainte communion est pour mon âme ce
« qu'est l'eau pour le poisson, la rosée du matin
« pour la jeune plante. Fortifié par la sainte com-
« munion, mon cœur lutte avec courage contre
« l'enfer, et finit par triompher des plus dangereux
« ennemis. La sainte communion, enfin, ne m'est
« pas moins nécessaire pour la vie de l'âme, que
« ne le sont, pour la vie du corps, l'air que je res-
« pire, l'eau qui me désaltère, et le pain qui me
« nourrit.

« Que ferais-je sans la sainte communion ? ó
« mon Dieu, vous le savez mieux que moi ; je suc-
« comberais à la première attaque ; je me dessé-
« cherais comme la fleur qui penche et se flétrit,
« dès que la substance qui la faisait vivre vient à
« lui manquer.

« O Mère de mon Dieu, remerciez-le pour moi
« de ce qu'il veut bien descendre chaque jour dans
« mon pauvre cœur. Je vous en supplie, au nom
« de la sainteté de Jésus, et de votre cœur sans

« tache, purifiez-moi, afin que je devienne chaque
« jour moins indigne de recevoir le Dieu de toute
« perfection. »

Aussitôt rendu à la paix de son cœur, le jeune
profès au lieu de se livrer aux délices sensibles et
de s'y amollir, se préoccupa de mettre à profit les
grâces divines, pour arriver, durant son noviciat
profès, à une vie nouvelle. Nous allons en suivre
les progrès, dans un quatrième chapitre.

CHAPITRE IV

DEPUIS LA PROFESSION DU FRÈRE
Raphael Célestin
JUSQU'A SA DERNIERE MALADIE.

§ I

**Études. — Zèle pour la doctrine de saint Thomas.
Vie nouvelle. — Réglement plus parfait.**

Un trait saillant de la vie spirituelle du frère Raphaël, et une preuve certaine de la solidité de sa vertu, c'est qu'il se sentait constamment pressé de commencer à nouveau, l'œuvre de sa perfection, comme s'il n'eût encore rien fait. Bien différent du paresseux dont parle le bienheureux Humbert, « qui n'aspire, pendant son travail, qu'à s'asseoir et à se reposer, faisant peu et croyant faire beaucoup, » lui se disposait chaque jour à entreprendre une voie plus difficile ; chaque jour, il répétait le mot de David, qui est devenu celui des vrais amis de la perfection : *Dixi nunc cœpi* (1). « Je l'ai dit, c'est maintenant que je commence, » — « Je vous « promets, disait-il souvent à son Père spirituel, « que je vais me mettre enfin, à tout à fait bien « faire ; » et il aimait à recevoir de l'obéissance cette quotidienne impulsion en avant, *Semper adde*, « Ajoutez toujours quelque chose, » c'est la maxime d'un des Maîtres de la vie spirituelle ; sans peut-être en connaître la lettre, notre frère en réalisait le sens.

Voici le réglememt de vie, qu'il composa et s'engagea à suivre, jusqu'à la fin de son noviciat. On pourra mieux juger de la générosité qui en avait dicté les divers points, si l'on considère qu'il était obligé déjà, comme profès, aux heures canoniales, à la grand'messe, aux deux méditations de chaque jour, et comme étudiant, à trois classes quotidiennes ; sans parler du *Cercle* ou thèse scolastique, du sermon qu'il devait prêcher à son tour, et de l'assistance aux Chapitres ou aux instructions du noviciat plusieurs fois la semaine.

RÈGLE DE CONDUITE PENDANT MON NOVICIAT.

« Je ferai tout pour Jésus crucifié, par Marie « Immaculée, ma Mère.

(1) Ps. LXXVI. 11.

« **Après** avoir passé plusieurs jours au noviciat
« profès, et m'être rendu compte, par expérience,
« du temps que je puis employer à mes exercices
» particuliers de dévotion, sans manquer en rien à
« mes devoirs essentiels, j'ai résolu de pratiquer
« jusqu'au dernier jour le règlement suivant, qu'a
« bien voulu approuver mon Père-Maître :

« I. *Chaque jour*, je dirai : 1° L'office *de Beata*,
« et le petit office de l'Immaculée Conception, pour
« attirer les bénédictions de Marie sur ce noviciat,
« pour la multiplication des vocations, et pour les
« intentions du Père-Maître.

« 2° Le saint Rosaire en entier, afin de demander
« la conversion de la France, la grâce, pour notre
« province, d'une mission chez les infidèles, et la
« faveur d'en faire partie moi-même.

« 3° La Salutation du très saint Nom de Marie,
« pour obtenir de bonnes vocations, notre retour
« en France, et une augmentation de dévotion
« envers Jésus crucifié et envers son auguste
« Mère.

« 4° Prières à notre Bienheureux Père saint
« Dominique pour obtenir son véritable esprit. —
« A notre Mère sainte Catherine, pour avoir l'a-
« mour de Jésus crucifié. — A sainte Rose de Lima,
« pour arriver à l'intelligence de la Passion. — A
« la bienheureuse Imelda, pour avoir plus de dévo-

« tion envers Jésus-Hostie. — A saint Vincent-Fer-
« rier, afin de demander le zèle apostolique , et
« l'obéissance nécessaire pour le régler. — A saint
« Pierre-Martyr, pour solliciter la grâce de mourir
« pour la foi. — A saint Augustin, pour qu'il me
« donne l'amour de Notre-Seigneur. — A saint
« François d'Assise, pour ressentir son amour de
« la croix. — A sainte Marie-Madeleine, pour
« qu'elle nous ramène à Saint-Maximin. A sainte
« Thérèse, pour avoir l'amour des souffrances et
« le bonheur de réussir dans l'oraison.

« N. B. Cette prière consistera, pour la plupart
« de ces Saints ou Saintes, en une Antienne et en
« l'Oraison de leur fête. (Je ne parle pas de mes
« saints Patrons que j'invoque à tout instant du jour,
« ni de saint Joseph dont le souvenir est toujours
« uni à celui de l'Immaculée.)

« II. *Chaque Dimanche.* — Salutation du saint
« Nom de Joseph, afin d'attirer sa protection sur ce
« noviciat, et d'obtenir pour tous mes parents et pour
« moi une bonne et sainte mort.

« III. *Chaque mardi.* — Prière plus longue,
« (celle du bienheureux Jourdain) à notre Père
« saint Dominique, en vue d'obtenir pour moi et
« pour tous mes frères, son double esprit

« IV. *Chaque vendredi et samedi.* — Le *Stabat*
« pour demander un amour immense envers la Mère

10.

« des douleurs et son divin Crucifié ; le fruit sera
« la confiance en Marie.

« V. Je ferai tous les jours ma lecture spirituelle,
« et mon examen particulier avec un grand soin.
« Chaque matin, je lirai un chapitre du Nouveau-
« Testament.

« VI. En allant au chœur, je penserai à la médita-
« tion que je vais avoir le bonheur de faire. Je me
« préparerai aussi à la sainte communion. Chaque
« jour, avant de communier, je renouvellerai mes
« trois vœux.

« VII. Chaque jour, j'ajouterai aux rosaires que
« je récite, quelques dizaines pour mes parents.

« VIII. Pratique de pénitence corporelle, quatre
« fois par semaine.

« IX. Je demanderai chaque matin au Père-
« Maître un bouquet spirituel, pour m'en servir dans
« la journée.

« X. Puisque Notre-Seigneur Jésus-Christ nous
« aime, malgré nos ingratitudes sans nombre, jus-
« qu'à fixer sa demeure au milieu de nous, pendant
« les moments libres de la journée j'irai me pré-
« senter devant ce souverain Monarque, devenu
« notre ami le plus fidèle et notre compagnon le
« plus assidu. Chaque jour j'irai donc à l'oratoire,
« à l'issue de la récréation de midi ; et après avoir
« rendu mes hommages les plus profonds à ce Maître

« adorable, je lui exposerai mes nombreux besoins
« et lui demanderai ses faveurs par l'intercession
« de la Bienheureuse Vierge. Je réciterai à cet effet
« la belle prière de l'Ange de l'École à Marie, la
« prière O *Domina*, le *Memorare*, une prière pour
« mon Père spirituel. Je supplierai l'Immaculée, de
« bénir mes frères et moi aussi. Je donnerai à Jésus,
« par Marie, mes parents, mes amis, tout ce que
« j'ai et tout ce que je puis avoir à l'avenir. »

En suivant ce règlement avec un esprit ordonné,
paisible et généreux, le frère Raphaël évita la crise
souvent fatale que subissent les jeunes religieux
quand ils passent de l'atmosphère du noviciat simple, tout embaumée du parfum des exercices de
piété à celle des études, exposée aux préoccupations
quotidiennes, à la passion fiévreuse du savoir, à la
vaine complaisance, ou à l'abattement quand les
efforts semblent demeurer stériles. Il resta simple
et pieux comme il convient à un novice, tout en se
montrant zélé et studieux comme il convient à un
étudiant. Durant les quelques mois qu'il passa dans
les classes en qualité d'élève en théologie, il se fit
remarquer de ses condisciples et de ses maîtres. Il
avait surtout, pour la doctrine et l'autorité du Docteur Angélique un vrai culte. Cette disposition jointe
à une modestie et à une humilité toujours crois-
santes, lui valut de surmonter les découragements

que plus d'une fois lui causaient certaines questions ardues de la *Somme* ; et il parvint même à saisir d'une manière peu ordinaire, les principes fondamentaux qui en font l'unité et la beauté, principes dont plus d'un élève, après nombre de thèses apprises, n'est pas parvenu à se rendre clairement compte.

§ II

Une première mort, celle de sa sœur Théodore.

Dieu qui s'apprêtait à récompenser bientôt les mérites de son serviteur, commença à le préparer par une série de sacrifices et de séparations. La mort de sa sœur Théodore, religieuse dominicaine, commença.

On se rappelle qu'il l'avait vue à Lourdes, très fatiguée déjà. Depuis, le mal avait fait de grands progrès ; elle souffrait beaucoup, et son frère l'encourageait de loin en ces termes : « Les souffrances « que tu endures ne sortent pas de ma pensée : je « les ressens avec toi ; elles sont un encouragement « pour les quelques sacrifices que Notre-Seigneur « réclame de son indigne serviteur. Ce qui nous « manque le plus ici, c'est la Très-Sainte-Eucha- « ristie dans le noviciat, et la bénédiction du Très-

« Saint-Sacrement le dimanche; car en Espagne, on
« ne la donne que bien rarement. »

Un peu plus tard, il reçut encore des nouvelles
de sa sœur, et il apprit d'elle la mort d'une très
jeune novice du monastère. Il répondit par ces
lignes, ou plutôt ces accents d'un lyrisme tout
céleste.

« J'ai bien prié pour la jeune sœur que vous
« venez de perdre, et je prierai encore ; car, comme
« vous le dites, il faut être bien pur pour aller près
« de l'Agneau sans tache.

« Qu'elles sont donc heureuses ces belles âmes,
« ces âmes privilégiées, d'aller sitôt contempler la
« face adorable de notre divin Maître !... Qu'on se
« console facilement lorsqu'on entend la voix de
« ces êtres chéris, à peine envolés de ce lieu d'exil
« vers la céleste patrie, vous dire dans un saint
« ravissement : *Je suis au ciel !* Oh ! chère sœur,
« quand donc nous feras-tu entendre ces douces et
« consolantes paroles : *Je suis au ciel ?...* Quand
« donc me diras-tu, à moi resté dans cette vallée de
« larmes : *Mon frère, console-toi, je suis au ciel !*
« Tu veux donc aller au ciel, bien-aimée sœur ;
« écoute et retiens ce que je te dis aujourd'hui :
« Lorsque tu seras là-haut, près de Jésus et de
« l'Immaculée, n'oublie pas ceux que tu a laissés
« sur la terre ; souviens-toi de ton plus jeune frère,

« bien indigne novice des Frères-Prêcheurs. Sou-
« viens-toi de tout le noviciat dominicain de la pro-
« vince de Toulouse, banni de sa patrie. Oui, je
« t'en conjure, prends soin de nous. Lorsqu'on est
« au ciel, dans la société des anges et de tous les
« bienheureux, lorsqu'on touche de près au trône
« de la miséricorde et de la grâce, on peut tout
« obtenir ; demande alors pour ton frère un grand
« amour envers Jésus crucifié, et envers Marie im-
« maculée ; demande pour ton frère, le véritable
« esprit de l'Ordre auquel il a le bonheur d'appar-
« tenir ; obtiens à ton frère une ardente charité,
« une profonde humilité, une prompte obéissance,
« une angélique pureté ; et tu lui auras rendu le
« plus grand des services, le seul qu'il désire. »

La sœur Théodore recevait avec joie ces lettres
qui lui faisaient beaucoup de bien, et elle avait
même peur de trop y tenir. Cependant ses forces
s'épuisaient peu à peu, et ses derniers jours arrivèrent. Elle se faisait lire un livre intitulé : *Morts
édifiantes* ; elle le goûtait beaucoup, et le recom-
mença à plusieurs reprises. A la lecture pieuse, elle
joignait de saintes méditations. D'abord, la pensée
de la justice de Dieu l'avait inquiétée, mais elle finit
par se plonger dans la considération de sa miséricorde : « Nous qui l'avons reçu si souvent dans le
sacrement de son amour, et avons tant cherché à

lui plaire, comment n'aurait-il pas pitié de nous ? »
Cette simple pensée faisait sa sécurité.

Ses méditations lui plaisaient tant, qu'elle était
plus contente quand on la laissait seule, pour mieux
s'élever vers Dieu, dans un ordre d'idées tout nouveau : « Lorsqu'on est près de la mort, remarquait-
elle, on voit les choses bien autrement que pendant
la vie ; et l'on éprouve un grand détachement de
tout. »

Elle envoya son rosaire à son frère par le moyen
du Père Provincial qui allait à Salamanque. C'était
le meilleur souvenir qu'elle pût lui laisser, et la
meilleure manière de se recommander à ses prières.

Au milieu des douleurs de la maladie, elle ne
cessa elle-même de prier pour lui. Quand on disait
qu'il serait missionnaire, elle paraissait en douter
et répondait : « Qui sait ? » — « Mais, répliquait-on,
c'est sûr, il est fait pour cela, et il a la promesse
de ses supérieurs. » — « Oui, répondait-elle, mais
qui sait ? » La veille de sa mort, réduite à une faiblesse extrême et pouvant parler à peine, elle dit
tout à coup : « Qui m'appelle ? » — On crut qu'elle
avait un peu de délire ; et pour la tranquilliser on
lui nomma au hasard, saint Dominique et plusieurs
autres saints. — « Non, reprit-elle..., c'est saint
Pierre. » En effet le lendemain matin, 29 juin, fête

du Prince des apôtres, elle s'endormit paisiblement dans le Seigneur.

A la nouvelle de sa mort, son frère pria beaucoup pour elle et se contenta d'ajouter : « La Très « Révérende Mère maîtresse des novices d'Auch, « m'a tenu au courant de la maladie de ma chère « sœur. Sa mort, ou plutôt son doux sommeil dans « le Seigneur, ne m'a nullement étonné ; j'étais sur- « pris au contraire, de voir que cette chère âme « retardât tant sa sortie de ce monde. Tout ce qu'on « m'a raconté d'édifiant à son sujet, et en particu- « lier ce que m'en a rapporté le Très Révérend « Père Provincial, m'a fort consolé et me donne la « ferme assurance que cette belle âme jouit déjà « de la souveraine félicité. Heureux mille fois ceux « qui meurent d'une semblable mort ! ils passent « d'un lieu rempli de misères en un séjour de gloire « et de bonheur ! »

§ III

Repos dans les montagnes, près de la Vierge de Montes-Claros.

La sainte religion est une bonne mère. Si elle impose aux novices un double travail, celui de la correction des défauts qui regarde leur propre sanctification, et celui de l'étude, qui intéresse la sanctification du prochain, elle leur donne, de temps en temps, des récréations pour qu'ils réparent leurs forces, et se remettent à l'œuvre avec une santé plus vigoureuse, un esprit plus pénétrant, une volonté plus opiniâtre, un cœur plus joyeux.

Les récréations et les promenades ordinaires du frère Raphaël furent toujours édifiantes et empreintes de cette charité, de cette simplicité, de cette liberté d'âme qui répond à l'idéal tracé par saint François de Sales quand il dit : « Les récréations doivent être vraiment récréations, et être vraiment religieuses. »

Chacun des frères, selon son caractère, ou selon les accidents de la route, faisait les récits et les réflexions les plus capables d'intéresser ou d'instruire les autres.

L'un, en rencontrant sous ses pas des fleurs, mettait en comparaison les grâces et les mérites de chacune, ainsi que des vertus qu'elles symbolisent, soit l'aubépine, soit la violette, soit la rose ; et l'on concluait que, dans l'état de perfection, on ne peut posséder une vertu sans les autres. Venait-on de réciter les litanies de la Vierge, chacun était invité à dire quelle invocation lui faisait plus de bien. Pour l'un c'était, *Mater Christi ;* pour l'autre, *Refugium peccatorum ;* pour un troisième, *Salus infirmorum*. Quant au frère Raphaël, l'invocation *Regina*, *sine labe originali concepta*, était sa préférée ; on aurait pu le deviner d'avance. Une autre fois, un Frère s'élevait à la considération de la lutte entre le bien et le mal dans notre pays. Un Père espagnol lui avait dit d'avoir confiance ; qu'il se faisait beaucoup de bien en France, et au dehors par la France, que le Sacré-Cœur de Jésus y était entouré de grands honneurs, que Notre-Dame de Lourdes y répandait beaucoup de grâces, et que c'était autant de symptômes favorables.

Tous les novices accueillaient avec empressement ces paroles encourageantes, et faisaient à l'envi des conjectures, sur le temps plus ou moins prochain où Dieu regarderait en pitié notre infortuné pays. D'autres fois, ils étaient plutôt frappés de la grandeur du mal, et l'un posait cette question : « Comment se fait-il que Dieu étant la bonté, soit si peu aimé ? » — « C'est, répondait l'autre, que ceux qui ne l'aiment pas sont de mauvais chrétiens. » — « De même concluait, très à propos, le frère Raphaël, les novices qui n'aiment pas leurs supérieurs ne peuvent être que de pauvres novices. »

Le séjour des étudiants à *Montes-Claros*, leur fournit l'occasion de se livrer souvent à ces récréations édifiantes.

Montes-Claros est un sanctuaire de Marie situé dans les montagnes de la Galice, du côté de Santander, et confié à la garde des Dominicains espagnols. Ceux-ci accueillirent nos novices comme des frères bien-aimés, et plus dignes de sympathie à leurs yeux, à cause de leur qualité de religieux persécutés. — *Ecce quam bonum et quam jucundum habitare fratres in unum* (1), tel fut l'hymne au milieu duquel ils s'embrassèrent ; et en entrant à l'église ils chantèrent ensemble le *Salve Regina*, une antienne à saint Dominique et une autre à la bienheureuse Jeanne d'Aza, sa mère. Les bons habitants de la contrée les regardaient avec une curiosité mêlée de respect, les saluaient de leur invocation accoutumée : *Ave Maria purisima*, et s'approchaient pour leur baiser les mains ou le scapulaire.

Le frère Raphaël n'avait garde de se complaire dans de tels témoignages de vénération. « Ces « bonnes gens, disait-il, nous voyant exilés pour la « cause du Christ, nous regardent comme de véri- « tables Saints. Et néanmoins que suis-je, moi le « premier ? Si je parais pieux à leurs yeux, c'est « grâce à l'habit dont je suis revêtu. Je ne suis qu'un « sépulcre blanchi, un fantôme de religieux. Je

(1) Qu'il est bon, qu'il est agréable à des frères d'habiter ensemble ! (Ps. Cxxxii. 1.)

« voudrais ne voir jamais personne, sinon quand
« j'aurais un peu plus d'amour pour Notre-Seigneur,
« afin de le communiquer aux autres. Quand je me
« laisse aller à ces réflexions, je désirerais m'ense-
« velir au fond de quelque solitude ! »

Mais il jubilait de voir le concours des fidèles,
et tous les témoignages de dévotion qu'ils rendaient
à la Très Sainte Vierge. « Comme il vient beau-
« coup de pèlerins, écrivait-il, et qu'il n'y a qu'une
« hôtellerie tenue par nos Pères, plusieurs person-
« nes sont obligées de passer la nuit à la belle
« étoile. Un certain nombre d'hommes et de femmes
« sont là sous un hangard, au-dessous de ma fenê-
« tre ; ils ne cessent de chanter, durant toute la
« nuit, des cantiques en l'honneur de la *Virgen*
« *purisima y imaculada de Montes-Claros*. Ce
« chant ravit mon cœur. Je trouve on ne peut
« plus touchant, d'entendre la voix énergique des
« hommes se mêler à celle des enfants et des
« femmes, pour chanter Marie, à la porte même
« du sanctuaire consacré à cette Reine des cieux.»

Il chercha à rivaliser de zèle avec eux, en im-
provisant dans le logement des novices, un autel
qui fût l'hommage spécial du noviciat; et son
œuvre ravit en effet, les prêtres du voisinage : « Fi-
« gurez-vous, dit-il, une caisse sur laquelle repose
« une statue de notre Mère. Nous couvrons la dite

« caisse, (et presque la statue elle-même, car elle
« n'est pas des plus belles), de fougères, de feuil-
« lage et de bruyères fleuries ; au pied de la caisse,
« c'est-à-dire sur le plancher, nous étendons un tapis
« de mousse. Dans cette mousse brûlent de petits
« morceaux de bougie. Notre-Dame de *Montes-*
« *Claros* qui a voulu apparaître dans cette forêt, doit
« être contente de se voir entourée de la même pa-
« rure qui distinguait son apparition à Lourdes; et
« si notre Mère est contente de cet autel, quoique
« tout pauvre et simple, pourquoi ne le serions-nous
« pas nous-mêmes ? »

Ce culte intime ne l'empêchait pas de s'employer
volontiers aux cérémonies publiques que l'on faisait pour les pèlerins, dans l'église. Et, dans l'intervalle des offices, il y restait souvent à prier. En la
visitant en détail, il rencontra, dans une espèce de
crypte qui se trouve derrière le Maître-autel, deux
tableaux représentant la mort du pécheur, et celle
du juste. Sur le premier, se trouve un homme à
l'agonie, étendu sur son lit de douleur. Près de lui
se tient debout un prêtre, qui lui présente le crucifix ; mais le mourant détourne la tête en grin-
çant des dents. L'Ange gardien demeure à l'écart,
le visage caché dans ses mains pour pleurer. Un
démon tient une bourse remplie de monnaie, et
répand par terre cet argent, en se moquant du mo-

ribond, tandis que celui-ci considère une dernière fois avec passion son trésor, pour lequel il a la folie de sacrifier son éternité. — Le second tableau représente aussi un mourant; mais a le sourire sur les lèvres; on voit près de lui l'Immaculée, saint Joseph, l'Ange gardien, saint Michel qui transperce le démon de son glaive terrible, et un prêtre qui donne au moribond l'Eucharistie une dernière fois, comme viatique et avant-goût du ciel.

La vue de ces tableaux fit impression à notre frère; car toutes ses pensées étaient tournées du côté du salut des âmes. Aussi quand les pèlerins priaient dans ce but, il s'unissait avec plus d'empressement à leurs supplications. « Hier au soir, « écrivait-il, le public a commencé une neuvaine « pour la conversion des pécheurs. Je prie avec « toute l'ardeur dont je suis capable. O mon Jésus ! « que vous êtes bon et que je suis méchant ! Je vous « aime à peine, et cependant vous m'avez tant aimé! « vous m'aimez tant encore ! C'est à vous que j'ai « recours, ô Notre-Dame de *Montes-Claros !* vous « que le pécheur n'a jamais invoquée en vain. « Obtenez-moi de votre Fils, la grâce d'une par- « faite conversion et d'une sincère pénitence. Ayez « pitié d'un pauvre enfant qui vous prie pour son « père, pour ses frères, pour tous ses parents, pour « ses amis et ses ennemis, s'il en a ; exaucez, oui,

« exaucez, Vierge clémente, mes humbles sup-
« plications. J'ai d'autant plus de confiance en vous,
« que le nombre de mes péchés est plus grand ! »

C'est avec la même componction qu'il s'approchait de la sainte table. Un jour, pour s'y préparer,
il lut ces mots dans le livre de l'Imitation : « Venez
à moi, vous tous qui êtes fatigués, qui éprouvez de
peine, et je vous soulagerai. » A cette douce
invitation de son Maître, il s'avança avec hardiesse,
répétant au fond de son cœur : « Puisque Dieu
« m'invite à aller à Lui, puisqu'il descend du ciel
« pour se donner à moi, refuserai-je de faire un
« pas à sa rencontre ? O mon Jésus ! que vous êtes
« bon de vous donner à moi, si misérable, si
« chargé d'iniquités ! Vous voulez que je vous
« reçoive dans mon cœur, quelque pauvre qu'il
« soit, parce que vous savez qu'en vous recevant,
« on reçoit la vie, et que vous voulez me faire
« vivre. Merci, mon Dieu ! Et vous, Marie, que
« vous êtes gracieuse de me donner votre Fils
« Jésus ! »

Un jour de plus grande fête, on fit une sorte de
feu d'artifice. En Espagne c'est l'accompagnement
presque indispensable des fêtes populaires. La
foule des pèlerins était en bas, occupée à considérer
les feux qui partaient du clocher. Les novices
eurent l'idée de chanter quelques strophes d'un

cantique à saint Dominique ; et les voilà aussitôt cernés par une multitude immense. On les trouvait encore plus curieux à voir et à entendre que les plus beaux feux d'Espagne. C'est à peine s'ils pouvaient se remuer, et ils se demandaient comment ils feraient pour rentrer au couvent. Plusieurs échos répétaient leurs chants, tandis que la forêt était illuminée par le feu roulant des fusées. Lorsqu'ils s'arrêtèrent un peu pour reprendre haleine, on leur cria de toutes parts : « *Mas, mas !* encore, encore plus ; » et ils furent obligés de chanter tout ce qu'ils savaient, pour répondre à l'enthousiasme du peuple.

Cependant Dieu voulut faire comprendre au frère Raphaël qu'au milieu de ces joies et de ces promenades, l'esprit religieux tend à s'affaiblir, par la dissipation du cœur, et l'émancipation de la volonté. Un jour, entraîné par un désir excessif de procurer ce qui lui semblait utile à quelques-uns de ses frères, il se laissa aller à un mouvement de vivacité et d'esprit propre, dont, à la vérité, il s'humilia bientôt après. Mais il réfléchit, et il comprit qu'il fallait bien peu pour décheoir intérieurement et s'éloigner de la docilité à la grâce. Cette méditation lui fit apprécier davantage le noviciat, où il demanda d'être rappelé, à cause de cette vie de régularité et de prière que l'on y mène. Partout,

en effet, le religieux doit avoir pour unique souci
de plaire à son Dieu, c'est-à-dire, de faire en tout
son adorable volonté, qui lui est manifestée par les
supérieurs. Or, où peut-on connaître plus facilement la volonté divine qu'au noviciat ? Mais aussi,
lorsqu'on y cherche avec foi cette adorable volonté,
et qu'on l'y accomplit avec générosité, avec joie et
amour, quelle paix, quel bonheur ne goûte-t-on pas
dans la condition de novice ?

Notre frère allait en effet, quitter à l'improviste
le sanctuaire de Marie, mais ce n'était pas pour
retourner directement au noviciat comme il en
avait le désir ; c'était par suite d'un malheur qu'il
était loin de prévoir, et qui renfermait un second
avertissement du ciel : *Estote parati* ; « soyez
prêts . » (Matth. xxiv. 44).

§ IV

Mort de son père.

Le 18 septembre, au moment où le frère Raphaël
se disposait à remplir l'office de diacre à la grand-
messe ; on vint lui annoncer à la cellule qu'il devait
partir sans délai pour la France. Son père venait
de tomber très gravement malade.

11.

Il fit le voyage d'un seul trait, et, dès le surlendemain pendant la nuit, guidé par l'un de ses frères habitant Paris, qui , arrivé quelques heures avant lui à la maison paternelle, n'avait eu que la douloureuse sastisfaction d'accompagner son père à sa dernière demeure, le frère Raphaël franchissait le seuil de cette maison où la mort venait de faire un si grand vide. Son père n'était donc plus, et il n'arrivait même pas à temps pour les funérailles! Au son de sa voix toute la famille se lève, excepté les deux petits enfants qu'il va embrasser dans leur lit. Pendant quelque temps il demeure muet ; puis, il écoute les détails de la mort (1), puis il pleure et il prie. Surtout il a confiance; car il connaît les antiques vertus de son père; et il sait quelles grâces nouvelles dut lui mériter son grand esprit de foi, lorsqu'il sacrifia à Dieu son cher fils Célestin, sans avoir pu l'embrasser à l'heure du départ pour le cloitre. C'était en effet une maxime des anciens solitaires que, « ceux qui, pour l'amour de Jésus-Christ, et non par une vaine ostentation, agissent avec fermeté en quittant leur famille, peuvent contribuer beaucoup à l'avancement des

____

(1) Connaissant combien son cœur était sensible et susceptible d'impressions violentes, son frère qui était venu le chercher à la gare la plus rapprochée de Valence, avait voulu déguiser, jusqu'à son arrivée à la maison, la nouvelle qui devait porter un coup si cruel à sa piété filiale.

parents, bien qu'ils semblent user envers eux de sévérité pour un peu de temps (1). » Le vénéré défunt éprouva certainement à l'heure de la mort, pour sa consolation, la vérité de cette maxime des premiers siècles.

Le lendemain, le frère Raphaël s'épanche dans le cœur de son Père-Maître, à qui il écrit :

« Je suis donc orphelin, je n'ai plus ni père ni
« mère ! Vous serez désormais mon père à double
« titre. Que cette vie est peu de chose ! Que la
« religion est belle ! Que je m'estime heureux, au-
« jourd'hui, d'appartenir à la famille dominicaine !
« Jusqu'à mon dernier soupir, je pourrai donner à
« quelqu'un les doux noms de père, de frère, de
« sœur... Je suis arrivé chez moi, mardi soir.
« Mais je n'ai pas eu la consolation de voir et
« d'embrasser mon pauvre père. Il n'était plus.
« Son corps était dans la terre et son âme au ciel.
« Oui, mon père est au ciel, j'en ai la ferme con-
« fiance ; cette pensée me console. J'aime à croire
« que l'Immaculée Vierge, à qui je confiais tous
« les jours ses derniers moments, l'aura assisté à
« l'heure suprême. Il est mort le jour consacré à
« Marie, samedi à dix heures du soir. Ce pieux
« chrétien aimait tant l'Immaculée ! Avant qu'il

(1) Vita S. Pacomii.

« rendît le dernier soupir, monsieur le curé lui a
« passé au cou un chapelet, en lui disant de le
« garder. Il a répondu : « Oui, je veux bien, c'est
« mon paratonnerre, je l'ai depuis cinquante ans.»
« Sa maladie a été courte. Heureusement M. le
« docteur ne s'est pas mépris sur la gravité du
« mal et ne l'a pas caché à mes sœurs. Elles ont
« appelé M. le curé qui a administré au malade
« tous les sacrements. Ma sœur Cécile d'Auch,
« est arrivée au moment où notre père entrait en
« agonie ; elle a pu l'embrasser et lui fermer les
« yeux... Elle vient de me donner, comme sou-
« venir, une médaille que ce bon serviteur de
« Marie portait au cou ; je vous prie humblement
« de me permettre de la garder. Je prends aussi
« de ses cheveux. J'ai vu hier en particulier M. le
« curé. Il m'a bien consolé ; car il m'a dit que si
« une telle âme n'allait pas au ciel, ce serait à dé-
« sespérer de son propre salut..... Depuis la mort
« de ma sœur Théodore, ce cher père désirait beau-
« coup quitter la terre, afin d'aller voir sa fille qu'il
« aimait tant !... O père bien-aimé, dites-moi où
« vous êtes ; vous m'avez désiré avant de mourir,
« et je suis parti ; mais vous, pourquoi ne m'avez-
« vous pas attendu ? Je voulais vous embrasser,
« vous dire un mot pour ma chère maman, pour
« ma sœur bien-aimée..... *Fiat voluntas Dei !*

« Oui, toujours, ô mon Dieu, que votre adorable
« volonté s'accomplisse !... Je n'ai pu communier
« depuis trois jours ; qu'il me tarde de recevoir
« Jésus-Hostie ! qu'il m'est pénible de vivre en
« dehors de mon cher noviciat ! que le monde est
« désagréable ! J'ai écrit au P. Provincial pour le
« prier de me rappeler au plus tôt... Mes sœurs
« se chargent de l'éducation de mes deux petits
« neveux. Chaque fois que ces deux anges s'ap-
« prochent de moi pour me faire une caresse, ils
« m'arrachent des larmes. La robe blanche leur
« plaît beaucoup. Pauvres petits ! Ils n'ont pas de
« mère !... »

Une de ses sorties, pendant qu'il se trouvait dans
sa famille, fut pour aller prier sur la tombe de son
père. Sa sœur Cécile et une autre sœur qui demeurait à la maison, l'accompagnèrent. Tous se
mirent à genoux pour réciter un *De profundis*, un
Salve Regina et un *Ave Maria,* prières qu'aimait
singulièrement le défunt. Non loin de là, reposait
leur mère ; ils s'agenouillèrent aussi sur sa tombe,
et récitèrent les mêmes suffrages. Qu'il devait-être
touchant, de voir de tels enfants prier ensemble
Marie, sur deux si vénérables tombeaux !

Le matin suivant, le frère Raphaël eut le bonheur de communier. M. le curé fut très bon pour
lui et l'exhorta beaucoup à invoquer Marie, le féli-

citant d'être dans un Ordre où l'on professe une dévotion particulière à la Très Sainte-Vierge. Ses parents voulurent à tout prix, entendre de lui quelques paroles d'édification dans la maison ; car ils craignaient de ne jamais l'entendre prêcher. Il s'exécuta, pour faire plaisir à de si bons frères et à de si pieuses sœurs. Il profita donc des circonstances dans lesquelles ils se trouvaient, pour leur parler de la résignation à la volonté de Dieu, et de l'obligation où sont les enfants de suivre les exemples et les conseils de leurs parents. Il leur dit que le chef de la famille, leur digne père, en les précédant au ciel, leur avait laissé un parfait modèle de l'excellent chrétien, du dévot serviteur de Marie, et qu'ils devaient à leur tour, s'ils voulaient être heureux, suivre ses conseils, imiter ses exemples, et craindre avant tout le Seigneur ; car, le saint vieillard le leur avait dit, « l'homme qui craint le Seigneur est toujours content et heureux. » Il assura à tous ses frères et à ses sœurs que leur père les avait constamment bénis, et que jamais une parole de malédiction n'était sortie de sa bouche. « Or poursuivit-il, Dieu bénit les enfants qui « sont bénis par leur père. Notre père nous disait « encore : Faites votre devoir de chrétiens envers « et contre tous ; n'ayez point de respect humain, « aimez-vous les uns et les autres, portez-vous

« mutuellement secours, et vous vivrez heureux ;
« enfin, invoquez Marie avec confiance, dans vos
« besoins. — N'oublions jamais ces recommanda-
« tions sacrées. »

Les larmes que répandaient ses sœurs, les san-
glots qu'elles laissaient échapper l'obligèrent de
s'arrêter, et il avait lui-même besoin de pleurer.
Tous les parents lui promirent de réciter chaque
jour quelque prière en l'honneur de Marie ; cette
promesse tempéra ses larmes et le consola.

En prenant congé de sa famille, il souffrit le
martyre. Les deux petits enfants étaient venus
l'accompagner à un kilomètre de la maison, avec
ses sœurs. Il ne voulait pas pleurer, et cependant,
avoua-t-il ensuite, « j'avais le cœur gros comme
« la mer. Mais la bienheureuse Vierge me donna
« assez de forces pour embrasser tous mes parents
« sans verser une larme ; seulement lorsque je vis
« les deux petits neveux me regarder les yeux
« mouillés de pleurs, je me retournai pour ne pas
« être vu, et je donnai libre cours à mon émotion.
« Je pleurai beaucoup, et cela me fit du bien. »

Il passa la fête du Saint-Rosaire à Auch, où sa
sœur Cécile était déjà revenue. La mère Prieure
lui demanda de dire quelque chose à la communauté sur cette belle fête, car le religieux qui devait prêcher le panégyrique avait fait défaut. Il

adressa donc à la pieuse assemblée de courtes paroles d'édification, comme on le fait parfois au noviciat. « Je ne parlai, dit-il, que de la bienheu- « reuse Vierge Marie ; j'espère donc que cette « bonne mère a pardonné ma témérité. Je profitai « des paroles suivantes qui tombèrent sous mes « yeux : « Heureuse l'âme fidèle au Rosaire ; elle « a dans cette dévotion, où *l'Ave Maria* jaillit « sans cesse des lèvres, le gage consolant du cé- « leste héritage. » Et ces autres : « L'amour pour « le Rosaire, et sa récitation fréquente sont un « signe infaillible de prédestination. » — Il supplia Marie, de rendre tous ses serviteurs et ses servan- tes, fidèles jusqu'à la mort à cette aimable cou- ronne composée de roses spirituelles, et de leur enseigner à entrer plus avant dans les profonds mystères qu'elle renferme.

A Lourdes, il fut ému jusqu'aux larmes ; mais, cette fois, c'étaient des larmes de joie. « Je viens, « racontait-t-il plus tard, d'être témoin du magni- « fique spectacle qu'offre une procession aux flam- « bleaux autour de la grotte et de la Basilique. « De nombreux pèlerins ont chanté, au moins « pendant une heure, *l'Ave Maria*. Un prêtre de « Toulouse, (car le pèlerinage était, je crois, de « Toulouse,) est monté en chaire, et il a demandé « à ce peuple immense qui assiégeait le Sanctuaire,

« s'il voulait chanter le *Credo* pour protester, en
« face de Marie, de sa foi en Jésus-Christ. Au
« même instant, le *Credo* a été entonné, et on l'a
« poursuivi jusqu'à la fin avec un entrain admira-
« ble. A *l'Incarnatus est*, nous nous sommes tous
« mis à genoux, et nous avons baissé respectueu-
« sement la tête à ces paroles, *de Maria Virgine*.
« C'était admirable ! »

Dès le 6 Octobre au matin, le frère Raphaël
rentrait dans le monastère de Salamanque. Il avait
répété si souvent à sa sœur dominicaine « qu'un
religieux hors du couvent est comme un poisson
hors de l'eau ! » Il rentrait donc en possession de
son élément, en revenant à sa cellule et en repre-
nant la suite des exercices du Noviciat.

Là encore, la mort allait passer près de lui pour
l'avertir plus instamment de se tenir prêt. *Estote
parati*.

§ V

Mission du Brésil : Trois victimes.

« *Qui oserait sonder les mystères de Dieu ?* »
Telle était la réflexion du jeune Célestin, encore
séminariste, quand sa sœur, fille de la Charité au

Brésil, lui annonçait la mort du religieux dominicain venu en ce pays pour commencer la fondation
d'une mission (1).

En effet, les dispositions du Tout-Puissant dé-
passent toutes nos vues et déjouent tout nos cal-
culs, par la manière imprévue dont il renverse les
projets les mieux concertés, et par la facilité avec
laquelle il relève ceux qui paraissaient anéantis
sans retour. Mais, plus sa conduite est au-dessus
de nos prévisions et opposée à notre vouloir, plus
elle est sage. Car elle nous montre de plus en plus
clairement, que l'homme ne suffit à rien, que la
Providence suffit à tout.

Le religieux dont il vient d'être question (2) était
donc mort de la fièvre jaune, et son compagnon
atteint lui-même quoique moins fortement, avait
été obligé de revenir en Europe pour rétablir ses
forces. Les conditions de la fondation ne paraissaient pas, du reste, répondre entièrement au but
que l'on avait en vue. Tout paraissait donc fini.

(1) Voir. Ch. I. § iii.
(2) Le P. Damien Signerin, ancien Provincial de la
Province Occitaine et ancien Prieur de St-Maximin. Il
mourut de la fièvre jaune à Rio-Janeiro, à l'âge de 52 ans,
après de cruelles souffrances, assisté jusqu'à la fin avec
le plus tendre dévouement par les Pères Lazaristes, directeurs du grand séminaire, et consolé, dans ses derniers
instants, par la bonté maternelle de la Bienheureuse
Vierge Marie.

Mais voici qu'un des Pères Lazaristes du grand séminaire, qui avait vu nos deux missionnaires et s'était lié d'amitié avec eux, est fait évêque d'un grand diocèse du Brésil, celui de Goyaz. Dès qu'il connaît les desseins de Dieu à son égard, il jette les yeux sur les âmes qui vont lui être confiées ; son cœur appelle déjà des missionnaires ; le souvenir des Dominicains qu'il a connus à Rio se présente à sa pensée, et il se dit : « Voilà les apôtres qui me conviennent. » Et en signe de sympathie pour leur Ordre, il met le flambeau de St Dominique dans ses armoiries. Avant même de prendre possession de son Siège, il a déjà fait sa demande, et les accents de son zèle apostolique ne permettent pour ainsi dire pas de résister.

Le diocèse de Goyaz, paraît-il, est plus grand que la France ; mais le nombre des habitants est loin d'y répondre à l'immensité des espaces. Il y a parfois plus de cent lieues entre un village et l'autre ; et si l'on se rend compte du mauvais état des chemins, ou plutôt des sentiers du pays, souvent coupés par des ravins, par des torrents, par des forêts, et presque impraticables à l'époque des pluies, on se fera une idée des difficultés qu'y présente, au point de vue matériel, le ministère des missions Mais les consolations spirituelles qui s'y rencontrent sont un large dédommagement. Quand

le missionnaire est arrivé dans un hameau, toute
la population accourt suivre les saints exercices ;
les habitants mêmes des fermes de la contrée, af-
fluent et s'installent en plein air ; car c'est ordinairement pendant la belle saison que les missions ont
lieu. La grande prédication à faire à ces popula-
tions est celle du catéchisme : prédication nécessaire, car ils n'ont pu recevoir ordinairement qu'une
instruction religieuse très incomplète : prédication
suffisante ; car pour ces âmes primitives et droites,
le simple exposé des dogmes chrétiens « porte en
lui sa propre justification pour l'esprit (¹), » avec
la vertu qui persuade les cœurs et facilite les œuvres. Outre cet apostolat consacré à la partie catholique de la population, le diocèse de Goyaz offre
aussi au missionnaire, des tribus d'Indiens à évangéliser et à civiliser. Pour les suivre dans leurs forêts, et leurs faire un bien durable, il faut beaucoup
d'hommes et beaucoup de patience. Mais, remarquait l'Évêque, les choses se feront peu à peu ; Dieu
enverra les sujets ; et l'expulsion des religieux en
France, si déplorable qu'elle soit, n'est-elle pas,
dans les desseins de la Providence, appelée à faire
la richesse de ces contrées dépourvues de secours ?

(1) Testimonium Domini fidele sapientiam præstans
parvulis... Judicia Domini vera ; justificata in semetipsa.
(Ps. xviii. 8. 10.)

— On pria Dieu de part et d'autre, et enfin les offres furent acceptées.

Le frère Raphaël qui avait toujours aspiré aux missions, et qui depuis longtemps entendait parler du Brésil par sa sœur, fut rempli de joie à cette nouvelle. Il en écrivit de la sorte à l'un de ses frères, éloigné du noviciat : « Je puis vous dire avec « certitude qu'une véritable mission, dans l'inté- « rieur du Brésil, chez les sauvages, nous a été « offerte, et que nos supérieurs l'ont acceptée avec « empressement. J'aime à croire que le père Signe- « rin qui aimait tant la très sainte Vierge, nous a « obtenu cette grâce, par le sacrifice qu'il a fait de « sa vie sur cette terre du Brésil. Ce qui nous sou- « rit surtout, c'est que nous aurons à desservir un « petit sanctuaire consacré à notre Reine. Mon « directeur m'a annoncé de la part du Ciel que ce « que je désire depuis si longtemps est bien la vo- « lonté de Dieu, que j'ai la vocation de mission- « naire, que par conséquent, je pourrai, moi aussi, « aller dépenser mes forces et ma vie, pour sauver « des âmes dans les pays lointains. Oh ! si je par- « venais à être martyr !! »

Quand eut lieu le premier départ de missionnai- res, pour examiner la situation, et préparer la fon- dation dans le cas où elle serait définitivement acceptée, notre frère en fut encore plus consolé et

les accompagna de ses vœux : « Aujourd'hui, écri-
« vait-il, j'ai beaucoup prié pour les trois mission-
« naires qui se sont embarqués hier à Marseille,
« d'après ce qu'on m'a dit. J'ai supplié l'*Étoile de*
« *la mer*, de les conduire heureusement au port
« Rio. Qu'il est beau de traverser les mers pour
« aller à la recherche de la brebis égarée ! Ah ! si
« je pouvais un jour gagner aux dépens de ma
« vie, une seule âme à Jésus-Christ !..... Si je pou-
« vais aller parler de l'amour, de la beauté incom-
« parable de notre Mère, l'Immaculée Vierge Ma-
« rie, à ces peuples endormis dans l'indifférence,
« quel bonheur ! »

Il y avait à Salamanque un religieux brésilien,
le père Vincent de Mello, qui, on le comprend,
s'intéressait vivement à la mission et travaillait
à sa réussite. Outre l'amour surnaturel que tout
religieux éprouve pour les âmes, il y était poussé
par cet amour de la patrie, que Dieu, l'auteur de
la nature, a gravé dans chaque cœur, et qui ne
fait que se perfectionner sous l'action de la foi.
Mais à la fleur de l'âge, il se sentit atteint d'un
malaise général et indéfinissable, qui, en se pro-
longeant, fit bientôt appréhender quelque grave
maladie. Il lutta cependant, et continua sa classe
tant qu'il lui fut possible. « Si une fois, je viens à
m'aliter, disait-il, je crois que je ne me relèverai

pas. » En effet, en quelques jours, une fièvre maligne l'emporta.

Le frère Raphaël fut douloureusement impressionné par cet événement, comme on le voit dans une de ses lettres : « La mort vient de s'abattre sur « le couvent de San-Esteban et de nous ravir un « frère bien-aimé. Le Père de Mello a rendu son « âme à Dieu. A peine connaissions-nous, au « noviciat, la maladie de ce bon père ; car jusqu'au « dernier moment il a assisté aux exercices de la « Communauté. Cependant hier lundi, 31 octobre, « au moment où nous allions en classe, on nous « invita à venir accompagner Notre-Seigneur qui « voulait bien se donner en viatique au R. père de « Mello. Jugez de notre étonnement !

« Nous partons, tenant encore les livres de classe « dans les mains. Le Père Provincial d'Espagne « qui, sur l'avis du médecin, s'est chargé de faire « connaître au malade la gravité de son état, lui « porte la Sainte-Eucharistie. Avant de le communier, il lui parle assez longuement ; le père « de Mello répond..... J'entends distinctement « cette question qu'adresse le P. Provincial au « malade : *Credisne in Jesum Christum Salvatorem* « *mundi* (1) ? La réponse est bien accentuée : *Credo.*

______

(1) Croyez-vous en Jésus-Christ, Sauveur du monde ?

« — Nous nous retirons tristes et silencieux.
« Le malade se trouve un peu mieux après avoir
« reçu le St Viatique ; il désigne lui-même les
« frères qu'il désire voir passer la nuit près de lui…
« Nous voilà réunis à l'office, célébrant les Matines
« de la Toussaint. A la fin du IIe Nocturne on vient
« prendre, au chœur, le père Prieur. Après
« Matines, nous le trouvons au fond de l'escalier,
« et il nous dit, les larmes aux yeux : *Le Père de*
« *Mello vient de mourir !* Au même instant, quatre
« frères sont désignés pour aller réciter le Psautier,
« près du corps. J'ai moi-même rempli ce devoir
« une heure avant le lever du matin. Notre cher
« défunt n'effraie pas du tout ; on dirait qu'il re-
« pose….. Il tient une croix entre les mains, et le
« Rosaire au bras. Muni de pareilles armes, il a
« pu se présenter avec moins de crainte devant le
« Souverain Juge. Bienheureux les religieux à
« l'heure de la mort, s'ils ont été fidèles au Rosaire
« et à toutes leurs saintes observances. C'est la
« résolution que je prends aujourd'hui d'une ma-
« nière irrévocable. »

La mission du Brésil était donc déjà assise sur
deux tombeaux. Dieu en voulait un troisième, et
un pressentiment vague avertissait le frère Raphaël
que ce serait le sien.

« Etant venu quelques jours après, rapporte l'un

« de ses frères, prier sur la tombe du P. de Mello,
« en compagnie de plusieurs novices, je vis le frère
« Raphaël, plongé dans des réflexions profondes ;
« il faisait des mouvements de tête comme quel-
« qu'un qui se parle à lui-même, il pleurait peut-
« être. Craignant qu'il n'eût quelque peine, je
« m'approchai de lui pour le consoler... Puis, l'en-
« courageant à ne pas craindre, j'ajoutai : « *Au-*
« *riez-vous peur de la mort ?* » — *Oh ! non*, me
« dit-il, *je n'ai pas peur de la mort ! Mais... si*
« *quelqu'un de nous restait encore ici ! !* » — Non,
« il ne craignait pas la mort, et je suis persuadé
« que ses désirs ont beaucoup hâté son départ
« pour l'autre vie. Il me souvient, en effet, qu'il
« m'avoua un jour, avoir cet ennui de la vie dont
« parle l'Apôtre : *Ita ut tœderet nos etiam vivere* [1]
« et qu'il désirait mourir depuis longtemps. — *Si*
« *j'ai demandé d'aller aux Missions*, ajouta-t-il,
« *c'est parce que j'espère y mourir plus tôt.* »

Nous savons pourquoi il sentait cette impatience
de plus en plus vive de quitter la terre. Ce n'est pas
qu'il se trouvât malheureux dans sa position ; au
contraire, dans ses lettres à ses parents et à ses
amis, la phrase qu'il répète avec le plus de complaisance est celle-ci : « Je suis très heureux.....
Je suis le plus heureux des hommes. » Seulement,

[1] II Cor. 1 8.

comme l'Apôtre, « il désirait se réunir au Christ (1)» il avait le « mal du ciel », ainsi qu'il disait de sa sœur Théodore. Le moment n'était pas éloigné où ses vœux devaient être accomplis. — Mais avant, Dieu lui ménagea encore des consolations et des occasions de progrès afin qu'il fut plus digne « d'entrer dans la joie de son Maître (2). »

(1) Philip. ı. 23.
(2) Matt. xxv, 21.

CHAPITRE V

DEPUIS LA DERNIÈRE MALADIE

Du F. Raphael Célestin.

JUSQU'A SA MORT.

§ I

Pèlerinage au tombeau de sainte Thérèse. — Son cœur, — blessures, — épines.

On se rappelle que, pendant son noviciat simple, le frère Raphaël avait fait avec grand fruit un pèlerinage à la Sainte-Baume, pour vénérer les souvenirs de Marie-Madeleine, l'amie de Jésus. Durant son noviciat profès, il eut la consolation d'aller, comme pèlerin, au tombeau d'une autre amie du Sauveur, de sainte Thérèse.

Ces deux Saintes sont dignes d'être mises en parallèle, et l'on sait du reste toute la piété que la Vierge du Carmel éprouvait envers l'Habitante de

Béthanie, car les grandes âmes se comprennent : « J'avais, écrit-elle, en racontant l'époque de sa vie où elle fut moins fervente, j'avais une dévotion particulière pour sainte Madeleine, et je pensais souvent à sa conversion, principalement lorsque je communiais, parce que, étant assurée que j'avais Notre-Seigneur au-dedans de moi, je me jetais comme elle à ses pieds, dans la créance qu'il serait touché de mes larmes. Mais je ne savais ce que je faisais ; car c'était beaucoup qu'il souffrit que je les répandisse, puisque le sentiment qui les tirait de mes yeux s'effaçait sitôt de mon cœur. »

La vie des deux grandes Saintes offre, comme on vient de le dire, plus d'un point de comparaison. L'une et l'autre étaient de ces âmes ardentes, à l'imagination vive, au cœur aimant, capables de grandes vertus, mais aussi de grands entraînements. — Ce fut la vue de Notre-Seigneur, de sa bonté, de sa sainteté, qui convertit Madeleine ; et en le suivant ensuite sur le calvaire, elle en remporta un redoublement d'esprit de pénitence : Une vision où le Sauveur se montra à Thérèse couvert de plaies et de sang, comme au sortir de la flagellation, la décida à sortir de sa tiédeur ; et son détachement de la créature devint plus complet quand elle eût vu, dans une autre extase, le Christ ressuscité, avec une beauté et une majesté inexprimables. — Madeleine à la Sainte-Baume pouvait, comme saint Paul, défier la faim, le froid, la nudité, la persécution, de la séparer de la charité du Christ-Jésus ; elle ne se soutenait que par miracle ; l'amour était sa vie : L'amour fut la mort de Thérèse ; il la rendait de plus en plus languissante chaque jour, et elle expira à Albe de Tormès, après une extase de quatorze heures, non de maladie naturelle, mais de l'ardeur intolérable de cet amour divin : *intolerabili divini amoris incendio.* (Bull. Canonis.) Notre-Seigneur sut le lui rendre, et il lui dit un jour que, comme Marie-Madeleine avait été l'objet de sa prédilection quand il vivait en ce monde, de même il voyait en elle sa bien-aimée du haut du ciel.

Mais ce n'était pas seulement l'amie de Jésus que le frère Raphaël et ses compagnons de noviciat allaient visiter, c'était l'amie de leur famille religieuse. En effet, sainte Thérèse eut toujours pour l'Ordre de saint Dominique une sorte de prédilection, et elle se regardait comme étant de la famille (1). Cette âme ouverte, spontanée, passionnée pour le vrai, prompte à sympathiser avec tout ce qui est grand et beau, aimait la physionomie du

(1) On sait qu'elle s'appelait elle-même « Dominicaine par le cœur, *Dominica in passione.* »

grand Patriarche et le caractère de ses œuvres (1). Les circonstances extérieures au milieu desquelles elle vécut contribuèrent à resserrer ces liens intimes. « Ma mère, écrit-elle, avait une grande dévotion pour le Rosaire et nous l'avait inspirée. » Aussi elle fut heureuse de voir un de ses jeunes frères embrasser l'Ordre de Saint Dominique dans le couvent de Saint-Thomas, à Avila, où il mourut à la fleur de l'âge, dans la ferveur du noviciat. Le P. Vincent Baron qui était confesseur de son père et qui assista le digne vieillard à l'heure de la mort, lui fut très utile à elle-même, à l'époque où elle vivait dans la tiédeur, quoique déjà religieuse : « Ce fut, écrit-elle, le premier qui commença à me détromper sur certains points... Il prit à cœur mon avancement spirituel et me fit communier tous les quinze jours.... Je crois que ce religieux, homme d'éminent savoir, a mérité beaucoup devant Dieu, pour m'avoir tiré de ce dangereux sommeil (2). »

Le P. Ivagnez la soutint avec fermeté et intelligence dans sa réforme, les principes de la perfection religieuse en main. Il eut aussi l'heureuse

(1) Le P. Lacordaire la comparant à Ste. Catherine de Sienne, appelle ces deux saintes *les deux Femmes-Docteurs.*

(2) Vie écrite par elle-même.

idée de lui faire écrire elle-même sa vie ; et on voit la vénération qu'elle avait pour lui, par les dernières lignes de cet incomparable livre, qui a exercé dans le monde entier un véritable apostolat : « J'ai donné de l'étendue à cet écrit, comme vous me l'avez recommandé, mon Père. Mais je compte sur la promesse que vous m'avez faite, de déchirer ce qui ne vous paraîtra pas bien. Considérez que vous êtes obligé d'assister celle qui vous confie les plus intimes sentiments de son âme. Tant que je vivrai je recommanderai la vôtre à Notre-Seigneur [1]. »

Nous avons déjà vu quel appui la Sainte avait reçu du savant P. Bannès. Le P. Louis de Grenade apporta plus tard, à l'œuvre naissante, le concours de sa grande autorité dans l'église. Deux de nos Saints favorisèrent à leur tour l'héroïque entreprise. Saint Louis Bertrand écrivit à sainte Thérèse qui l'avait consulté, ces paroles prophétiques : « Je vous assure, de la part de Dieu, qu'avan que 50 ans se soient écoulés, votre Ordre sera un des plus illustres dans l'Église de Dieu. » Le grand pape saint Pie V, de son côté, donna des pouvoirs, extraordinaires au père Pierre Fernandez, savant dominicain, pour promouvoir la réforme dans de nouveaux monastères [2].

[1] Vie écrite par elle-même.
[2] Seul, le P. Barthelemi de Medina se rangea d'abord

Quant à saint Dominique, Thérèse fut favorisée plusieurs fois de ses apparitions et de ses encouragements. Un jour entr'autres, tandis qu'elle priait dans la grotte de Ségovie, célèbre par les pénitences et les oraisons du saint Patriarche, il daigna s'entretenir avec elle pendant une heure entière et l'instruisit de plusieurs choses merveilleuses (1).

On comprend qu'en se rappelant tous ces faits qu'il avait dû lire dans la vie de sainte Thérèse, le frère Raphaël fût désireux d'aller visiter le sanctuaire près duquel elle rendit le dernier soupir.

Il partit de Salamanque de grand matin, et franchit gaiement, avec ses frères, les 22 kilomètres de la route, en se reposant un instant, à mi-chemin, près d'une fontaine appelée encore *Fuente de S. Teresa*, parce que son eau désaltérait souvent la Sainte, dans le cours de ses voyages. Au monas-

parmi les opposants. Mais Thérèse au lieu d'en être affectée disait agréablement : « Quand je lui aurai parlé vous verrez comme il changera. » En effet, au premier entretien, il fut tellement frappé des hautes vertus de la Sainte, de l'affabilité de ses manières, de son sens pratique et exquis dans l'appréciation des choses, que, de contradicteur passionné, il devint dès lors partisan convaincu. Un jour Thérèse, par une de ces attentions dont elle savait user si gracieusement, envoya au couvent de ce Père, comme témoignage de sa charité, un beau poisson péché dans la Tormès, et que la duchesse d'Albe lui avait donné pour ses propres sœurs.

(1) Ribera. Vie de S. Thérèse. L. iv. Ch. xiii.

tère d'Albe, il trouva des religieuses parfaitement fidèles, de l'aveu de tous, aux traditions de leur illustre Réformatrice, pour ce qui concerne l'esprit d'oraison et de charité, la manière de psalmodier, et le respect des choses relatives au service de l'autel. Entr'autres particularités, on y offre au prêtre, pour le *Lavabo* de la messe, une eau parfumée avec des herbes odoriférantes, et un manuterge parsemé de fleurs de rose. C'est en souvenir d'une invention de la Sainte, qui eut l'idée un jour d'honorer ainsi, dans le prêtre, le Verbe incarné, et de rappeler peut-être les parfums de Marie Madeleine.

Notre novice put visiter, dans l'église du monastère, l'enfoncement où la sainte fut d'abord inhumée, et dont les pèlerins emportent la terre par dévotion ; et il vénéra son corps précieux, sur l'autel majeur, dans une belle urne de porphyre. Le chœur des religieuses étant près de ce trésor virginal, on dit qu'en priant leur glorieuse mère, elles viennent plus d'une fois, avec une liberté fifiale, frapper de la main le tombeau en disant tout haut : *Madre oies* ? « Mère entends-tu ? »

Mais son attention se porta bientôt sur une sorte de petite armoire pratiquée dans le mur du sanctuaire, du côté de l'Epître. C'est là qu'est conservé, dans un reliquaire de cristal et d'or, le cœur de la séraphique Vierge, duquel on voit des épines sortir et croître en divers sens. Les médecins, après les enquêtes les plus soigneuses, on reconnu que la croissance de ces épines ne pouvait s'expliquer d'après les lois de la nature. Quelle est alors leur signification surnaturelle ? Libre aux âmes pieuses de le rechercher. Mais la coïncidence de ce prodige avec les grandes tribulations de l'Eglise, porterait à croire que les épines figurent ces tribulations, et que Dieu, en les faisant pousser, enseigne aux âmes intérieures, à partager, par la compassion, les épreuves de l'Epouse de Jésus-Christ, et à les adoucir par leurs prières ; ce fut là toute la vie de Thérèse de Jésus. Nombre d'âmes cachées, sous l'action de l'Esprit-Saint, comprennent, de nos jours cette vocation, et la réalisent. Elles endurent des peines intérieures inexplicables ; et par le mérite de leurs désirs, de leurs gémissements, de leur immolation, elles feront peut-être de notre siècle, qui offre au dehors tant de choses désolantes, un des plus beaux siècles de l'Eglise, quand l'ensemble de l'action providentielle sera révélé à la lumière de la gloire.

Que si l'on hésitait à admettre le caractère surnaturel de la croissance de ces épines, comme étant trop extraordinaire, ce serait le cas de se rappeler la réflexion d'un Docteur de l'Eglise à propos de la vie de Notre-Seigneur : « Les faits merveilleux y sont rendus croyables par des faits plus merveilleux encore : « *Ut rebus mirabilibus fidem præbeant facta mirabiliora.* (St Aug.)

Dans le cœur de la sainte du Carmel, on remarque les traces d'une merveille plus grande, d'une blessure large et profonde. C'est, d'après la tradition, la blessure qu'un ange fit un jour à Thérèse comme elle le raconte elle-même dans sa vie : « Il était un de ces esprits d'une très haute hiérarchie, qui ne sont, ce semble, que flamme et amour. Je voyais dans ses mains, un long dard qui était d'or, et dont la pointe en fer avait à l'extrémité un peu de feu. De temps en temps, il le plongeait au travers de mon cœur, et en le retirant, il semblait m'arracher les entrailles et me laissait tout embrasée de l'amour de Dieu. » Le Saint-Siège a consacré cette tradition en approuvant la fête de la *Transverbération du cœur de Sainte Thérèse.* Quand cette visite du ciel eut lieu, elle avait 44 ans ; — elle est morte à 67 ans ; elle vécut donc 23 ans avec une telle plaie, contre toutes les lois de la nature. Non seulement elle vivait, mais elle voyageait, elle étendait ses fondations, elle écrivait des livres et elle dirigeait ses sœurs. On la voyait seulement, de temps en temps, porter instinctivement la main sur son cœur, quand la douleur devenait trop violente.

Il est inutile de dire si le frère Raphaël fut heureux d'enflammer sa ferveur à ce foyer d'amour et de prière. Il s'approcha des chères reliques avec avidité! il pria longtemps; il pleura, afin d'obtenir, pour lui et pour ses frères, l'esprit d'oraison et la blessure de la charité. Ses lettres à cette époque sont pleines d'un si grand souvenir. Il en écrivit une toute spéciale sur ce sujet, à l'une de ses sœurs appelée Thérèse, que la Providence tenait depuis longtemps dans un pénible état de santé, pour l'exhorter à la patience et à la ferveur, pour marcher sur les traces de sa sainte patronne.

Depuis lors, sainte Thérèse devint plus constamment l'objet de la prédilection de notre frère. Nous verrons qu'il tiendra à invoquer, dans ses souffrances et à l'heure de la mort, la puissante protection de celle dont la devise était: *Ou souffrir, ou mourir*.

§ II

**Dernière retraite. — Abandon parfait. —
Delenda Carthago.**

Le frère Raphaël était dans sa famille, quand

eut lieu la retraite annuelle du couvent de Salamanque. Il obtint de la faire après son retour, de manière à la terminer pour la belle fête de l'Immaculée Conception.

Il n'a laissé aucune note de ces dix jours passés avec Marie, entre la tombe à peine fermée d'un père, et sa propre fin, déjà prochaine. Ce que nous savons c'est que le dévot serviteur de la Reine du Ciel ne pouvait assez exprimer sa joie, avant de commencer les Exercices spirituels. « Quelle belle « fête, répétait-il, vais-je me préparer à célébrer en « l'honneur de l'Immaculée ! »

Les lignes suivantes nous feront pourtant deviner quelque chose de ce qui s'est passé entre sa belle âme et la Souveraine des anges. Il était évidemment tout heureux de se dire pour jamais l'esclave de Marie et de son divin Jésus :

« Résolutions de ma retraite annuelle. »

« Heureux qui n'a d'autre volonté que la volonté « de son Dieu ! Il goûte dès ici-bas la paix et le « bonheur des élus !...

« Ayant demandé à Jésus en croix, par l'entre-« mise de sa très sainte Mère la cause de mes nom-« breuses fautes, qui ont si souvent crucifié son « cœur, il m'a été répondu que c'est uniquement « *mon peu de soumission* à l'adorable et très sainte « *volonté de mon Dieu.*

« Désirant donc ardemment mener une vie plus
« conforme au cœur très soumis et très humble de
« Jésus, et m'attirer ainsi ses bénédictions avec les
« faveurs de l'Immaculée, ma très glorieuse Mère,
« je prends aujourd'hui, au pied du crucifix et en
« présence de mon Ange gardien, la résolution
« suivante, à laquelle je supplie la B. Vierge, mon
« Père St Dominique, et mon patron St Raphaël
« de me rendre fidèle jusqu'à la mort :

« *Soumettre promptement, en tout et toujours,*
« *mon jugement et ma volonté au jugement et à la*
« *volonté de mes Supérieurs, chargés de me mani-*
« *fester la très adorable volonté de mon Dieu.*

« Moyens qui pourront m'aider dans l'accom-
« plissement de ma promesse :

« 1º Lorsque mon Supérieur et en particulier
« mon Père-Maître, me commanderont quelque
« chose, je dirai intérieurement les paroles que
« l'humble Vierge proféra lorsque Gabriel lui an-
« nonça la grande nouvelle : *Fiat mihi secundum*
« *verbum tuum.*

« 2º Quand l'obéissance m'appellera à quelque
« office, et que cela contrariera ma volonté, je dirai :
« *Non sicut ego volo, sed sicut tu* (1).

« 3º Lorsque ma mauvaise nature sera cruci-

(1) Non pas comme je veux, mon Père ; mais comme
ous voulez. (Matt. XXVI. 39).

« fiée par quelque vive contradiction, ou par quel-
« que tentation du malin esprit, je me rappellerai
« la soumission de Jésus au jardin des Olives, et je
« répéterai la parole de ce divin Maître, se con-
« formant entièrement à la volonté de son Père cé-
« leste. *Non mea voluntas, sed tua fiat !*

« 4° Je mortifierai mon jugement en toute cir-
« constance, ne recherchant jamais les motifs
« qu'ont eus mes supérieurs, en m'imposant leur
« volonté. »

Quelques jours après il écrivait : **Delenda est
Carthago** (1) !

La manière dont il commente cette sentence,
qui est son dernier cri de guerre, forme en quelque
sorte son testament, en même temps que le plus
parfait résumé de sa vie. Son humilité, son obéissance, sa charité envers ses frères, son énergique
volonté devant les attaques de l'ennemi, attaques
devenues d'autant plus fortes que celui-ci sent sa
proie lui échapper : tout est dans cette page qui
termine si dignement une si vertueuse existence.

« Pendant l'Office des Matines, il s'est livré en

______

(1) *Il faut ruiner Carthage !* Caton l'Ancien, ne pouvant supporter la prospérité renaissante de Carthage,
prononçait cette parole chaque fois qu'il montait à la
tribune, pour réveiller la haine des Romains contre les
Carthaginois, leurs plus implacables ennemis.

« moi un combat terrible entre la nature et la grâce.
« La nature disait : « C'est en vain que tu prendrais
« de bonnes résolutions, tu ne seras jamais saint.
« Evite seulement les fautes graves, tant que tu es
« au noviciat. Dans le saint ministère tu pourras
« plus facilement t'améliorer : alors tu songe-
« ras à devenir parfait. — La grâce répondait :
« C'est au Noviciat qu'il faut devenir saint ; et l'on
« y parvient en évitant les plus légères imperfec-
« tions, pour travailler avec fruit à l'acquisition
« des vertus. C'est en étant fidèle à la direction
« qu'on réussit dans ce travail. — La nature répli-
quait : « Tu peux bien dès maintenant travailler à
« ta perfection sans te conduire comme tu as es-
« sayé de le faire jusqu'ici, vis-à-vis de ton Père
« spirituel ; car il suffit, d'après la règle, que tu
« communiques ton état, chaque quinze jours ; pour-
« quoi en chercher davantage ? — La grâce répondait : « Dieu veut que tu continues dans la suite
« ce que tu as tâché de faire jusqu'ici. Dieu veut
« que tu sois entièrement ouvert à ton Directeur.
« Il entend te conduire à la sainteté par cette voie,
« pour toi, il n'y en a pas d'autre. S'il t'en coûte,
« c'est que tu en as plus besoin. Ton orgueil en
« souffrira : tant mieux. Ta nature mauvaise en
« sera mortifiée : c'est ce qu'il faut pour vivre (1). »

(1) Il avait bien compris la gravité de cette tentation,

« Livré à ces pensées qui m'empêchaient de
« réciter le saint Office, j'ai levé les yeux, contre
« mon habitude, et j'ai regardé en face ; et j'ai vu
« plusieurs frères récitant avec piété les louanges
« du Seigneur. Cette vue a suffi pour faire triom-
« pher la grâce. — Comment, me suis-je dit, voilà
« des frères qui sont déjà tout à Dieu, et cependant
« ils sont plus jeunes que toi ! il y a moins long-
« temps qu'ils reçoivent les grâces du ciel ! Par
« quels moyens ont-ils, en si peu de temps, ac-
« quis une telle perfection ? C'est par l'énergie de
« la volonté . Ils ont *voulu*. Si je *veux* je serai
« saint comme eux ; avec la grâce, rien n'est im-
« possible.....»

« Je me fixai dans ces pensées, et je continuai
« l'Office avec beaucoup de joie et d'amour. Pen-
« dant la récitation du Rosaire, après les Matines,
« étant seul je tombai en prostration dans la salle
« de l'*Ave Maria*, et je prononçai les paroles sui-
« vantes qui forment tout mon plan de vie :

qui vient d'un fond d'orgueil ou de la peur du sacrifice, et
qui est aussi ancienne que la vie religieuse. Un solitaire d'Egypte se plaignait à un saint abbé de la peine
extrême qu'il avait pour rendre compte de ses pensées à
son directeur. L'abbé voulant l'encourager à surmonter
la tentation, lui rapporta cette sentence d'un des Anciens
du désert : *L'ennemi de notre âme ne se réjouit jamais
tant, que quand il a gagné sur un solitaire de ne pas
manifester ses pensées à son Supérieur.*

Delenda est Carthago.

MON PLUS GRAND ENNEMI C'EST LA NATURE :
JE DOIS DONC LA DÉTRUIRE A TOUT PRIX !

« Prosterné devant l'image à jamais bénie de
« ma Mère, je crie vers Dieu avec humilité et
« confiance, et je lui fais ces promesses :

« 1º — Oui, je veux détruire en moi la nature,
« qui ne cesse de me porter au mal, en m'inspirant
« en secret, des pensées d'orgueil ; il faut que la
« grâce règne en souveraine sur mon cœur.

« 2º A tout prix, je ne veux écouter que la voix
« de mon Directeur.

« 3º — A tout prix, je veux mourir au monde
« et à mes passions, afin que je puisse servir avec
« joie et amour mon doux Jésus, et mon aimable
« Reine. »

Quand le Frère eut opéré en lui, ces dernières
destructions de la nature, quand il se fut jeté avec
un abandon filial entre les mains de Dieu, la grâce
régna sur son âme avec une paix plus profonde
que jamais. C'était un état de consommation et
de préparation au Ciel. Même dans son air exté-

rieur, le changement était sensible. On remarquait en lui quelque chose de plus recueilli, de plus intérieur que d'ordinaire. Il parlait moins qu'autrefois. En classe on ne le voyait pas si constamment occupé à prendre des notes de détail, il écoutait et méditait. Mais, par contre, on le rencontrait plus fréquemment devant le Saint-Sacrement, ou au pied de la Statue vénérée de la Vierge Marie ; sa prière paraissait plus incessante; son regard, miroir des mouvements de son âme, semblait se fixer plus absolument sur l'invisible et l'incréé. Le corps pesant qu'on lance dans l'espace et qui retombe ensuite, accélère sa marche à mesure qu'il se rapproche de son centre : ainsi le cœur de ce jeune serviteur de Dieu, se sentait incliné davantage au parfait abandon, à mesure qu'il approchait de sa fin, de son objet, de son éternité.

§ III.

Dernière maladie

Lorsque notre frère Raphaël écrivait le *Delenda Carthago*, il était déjà mortellement atteint. Un fait caractéristique qui laisse entendre, que dès le début de sa maladie, il avait comme un pressen-

timent de sa mort prochaine, c'est la lettre qu'il
adressa, le 11 janvier, à son frère et à sa belle-sœur
établis à Paris. Elle renferme deux particularités
que son frère ne remarqua pas tout d'abord, mais
qui le frappèrent vivement ensuite : c'est d'abord
le soin avec lequel notre novice évite de parler de
sa santé, — chose qui lui arrivait très rarement,
car il aimait à rassurer ses parents sur son compte;
— c'est surtout, que cette lettre, partie de Salamanque le 12, et arrivée à Paris le 14, était anti-
datée du 26 janvier, jour de sa mort, et se terminait
par une sorte d'adieu suprême. Voici donc ce qu'il
écrivait alors :

Salamanque le 26 janvier 1882.

Mon frère bien-aimé et ma très chère sœur Ernestine,

« J'attendais, d'un jour à l'autre, une lettre de toi :
« voilà pourquoi je ne t'ai pas écrit le premier jour
« de l'an. J'aime à croire que c'est le travail et non
« la maladie qui t'a empêché de m'écrire : j'avais
« chargé notre petite sœur de Charité (1) de t'offrir
« ainsi qu'à ta chère compagne, mes meilleurs
« souhaits au commencement de 1882. Une an-
« née qui finit et une autre qui commence, doi-

(1) La plus jeune de ses sœurs, fille de Saint-Vincent
de Paul à Paris, dont il a été question au Ch. I § vi.

« vent nous faire penser, tendre frère, à la
« brièveté de cette vie. *Nous marchons à grands*
« *pas vers la tombe.* Heureux serons-nous au
« moment de passer de l'exil à la patrie, si nous
« avons opéré le bien et fui le mal ! Aimons donc
« la vertu et haïssons l'iniquité ; Dieu est misé-
« ricordieux, il veut notre salut. C'est pourquoi il
« nous a fait naître de parents chrétiens ; c'est pour-
« quoi il t'a donné une épouse chrétienne avant
« tout ; remercie-le de cette grande grâce. Imite les
« vertus de notre père qui est allé au ciel, jouir éter-
« nellement de la récompense accordée aux fidèles
« serviteurs. J'entendis un jour, ce modèle des pères
« de famille dire à notre frère Jean-Baptiste :
« Heureux l'homme qui craint le Seigneur » *Bea-*
« *tus vir qui timet Dominum* ; et il lui expliqua
« ce psaume qu'il aimait tant à chanter les diman-
« ches à Vêpres. Oui, lui dit-il, tu seras heureux
« si tu crains le Seigneur, et si tu marches dans
« ses sentiers. — Quelle belle leçon ! Ecoute ce
« vénéré père te l'adresser aujourd'hui du ciel. Il
« n'y a de vraiment heureux sur cette terre, que
« celui qui craint Dieu et le sert avec fidélité. Aime
« aussi à prier Marie la Vierge Immaculée. C'est la
« dévotion que nous a enseignée notre mère. Cette
« bonne mère nous disait un jour : « L'enfant qui
« prie toujours Marie, qui dit tous les jours le

13.

« *Souvenez-vous de saint Bernard,*ne peut périr. »

« — Aimons donc à nous rappeler les beaux exem-
« ples de foi et d'amour que nous ont donnés nos
« parents, dès notre entrée en ce monde. Je prie
« continuellement pour toi, tendre frère, car tu es
« peut-être plus exposé que tout autre sur le *vol-*
« *can de Paris,* comme l'appelait Eugénie de Gué-
« rin. Prie un peu pour moi. Ne tarde pas à me
« donner de tes nouvelles. Surtout s'il y avait
« quelque chose de nouveau, hâte-toi de me l'appren-
« dre, afin que je puisse m'associer à ta joie ou à ta
« douleur (1). Dis à Ernestine que je pense à elle
« devant le Seigneur.

« Adieu, cher et tendre frère; adieu, chère Er-
« nestine; *au revoir au ciel, si nous ne devons pas*
« *nous connaître sur la terre*; je prie, en finissant,
« Jésus de vous bénir tous.

Votre frère très dévoué

« F. Marie-Raphaël Goulesque. »

Le lendemain du jour où il écrivait cette
lettre, il éprouva une légère indisposition qu'on
attribua à un refroidissement. Le 13 au soir, il se
sentit assez fatigué pour être obligé de se coucher
avant la communauté. Le Père-Maître étant occupé

(1) Le frère Raphaël attendait la naissance de son petit
neveu Emmanuel.

en ce moment, il vint chez le Père Sous-Maître lui exposer son état, et lui demander ce soir-là, de ne pas faire une mortification d'usage. Ce que l'épuisement des forces l'empêchait d'accomplir du côté de la pénitence, il voulait le regagner du côté de l'obéissance.

Le lendemain on trouva le cher malade souffrant d'affreux maux de tête et de fortes douleurs d'entrailles; il avait eu aussi plusieurs saignements de nez, et il ressentait déjà des frissons, tout autant d'indices d'une fièvre typhoïde. Néanmoins les remèdes énergiques qui lui furent donnés parurent avoir, en partie du moins, arrêté la maladie.

On était donc loin d'appréhender une catastrophe. Quant au frère Raphaël; il ne pensait, il ne demandait qu'à mourir. « J'espère bien, dit-il au Père-Maître, que, cette fois, le bon Jésus et sa douce Mère auront pitié de moi, et qu'ils me prendront avec eux. » — « Mais ce n'est pas possible, lui disait-on agréablement, car vous n'avez pas la permission; or sans elle vous ne pourriez entrer au ciel. » — Et le docile disciple, de sourire sans rien répliquer, mais sans paraître convaincu, car il lui semblait que le Maître d'en haut l'appelait. **Ne** pouvant réciter les heures canoniales, (et c'était une de ses grandes peines), il aimait qu'un de ses

frères vint auprès de son lit, lui murmurer le bel
office de l'Immaculée-Conception, ou lui faire une
lecture pieuse. Il écoutait toujours, malgré ses douleurs de tête, avec beaucoup d'attention et de recueillement.

Le médecin voulut qu'il fût transporté dans une
cellule plus spacieuse et mieux aérée. Sa première
préoccupation fut d'y faire placer son crucifix,
celui-là même sur lequel sa sœur Théodore avait
rendu le dernier soupir ; il le fit attacher près de
son lit d'où il pouvait constamment le contempler;
et il mit à côté la petite statue de la Vierge Immaculée dont il ne se séparait pas. Il manifesta aussi
le désir d'avoir près de lui, une image de sainte
Thérèse, qu'il aimait beaucoup, parce que, selon qu'il
a été dit plus haut, elle était morte d'amour divin.
Ainsi entouré, il s'unissait aux souffrances de N.-S.
dans sa Passion, et aux douleurs de sa sainte
Mère. Quand les novices qui venaient le voir lui
demandaient s'ils pouvaient lui rendre quelque bon
office : « *Benedictus Deus* (1) répondait-il avec

---

(1) *Que Dieu soit béni !* C'est la manière dont le religieux dit merci, à chaque chose qu'on lui donne, pour
marquer qu'il la reçoit comme de la main de Dieu, dont
le prochain n'est que l'intermédiaire. Celui qui a donné
l'objet, abondant dans le même sens, répond : *in donis
suis* « Oui, que Dieu soit béni dans ses dons. »

douceur ; le service que vous pouvez me rendre c'est de faire une visite pour moi à la grotte de N.-D. de Lourdes dans l'enclos. » — « Vous soigne-t-on bien, lui dit une fois le Père Sous-Maitre ? » — « Ce n'est pas ce qui me manque, s'empressa-t-il de répondre, je suis même confus qu'on ait tant de bontés pour moi. »

Cependant la maladie suivait son cours en des conditions plutôt rassurantes, lorsque, dans la nuit du jeudi 19 au vendredi 20 janvier, une complication inattendue vint, en un instant, renverser toute espérance. Un sommeil profond, qu'on avait regardé d'abord comme de bon augure, tandis que c'était le sommeil de la léthargie, s'empara de lui. Quand, à 9 heures, le médecin arriva, il en constata aussitôt la gravité. Ce n'était rien moins qu'une congestion cérébrale, qui s'était surajoutée à la fièvre typhoïde ; et il n'y avait plus guère de possibilité de guérison. Toutes les ressources de l'art en pareilles circonstances, furent pourtant employées. Mais ce qui importait le plus c'était d'avoir soin de l'âme, et de ne pas l'exposer à quitter la terre sans les secours surnaturels institués par N.-S. pour cette heure dernière. La communauté fut avertie que le soir, elle assisterait aux prières liturgiques qui accompagnent l'Extrême-Onction. Pour le saint Viatique, il ne fallait pas y songer vu le manque total de connaissance, chez le malade.

C'est toujours un spectacle solennel que celui où des religieux vont rendre à un frère les devoirs suprêmes. Mais ici, il s'agissait d'un frère si jeune, si pieux, si aimable, de tant d'espérance, et si rapidement tombé. Puis, la nuit avait envahi le *dormitorium* de ses ombres ; et cette file de religieux, un flambeau à la main, psalmodiant à demi-voix, éveillait je ne sais quoi de triste, de grand, de doux dans les profondeurs de l'âme ; plus d'une voix tremblait d'émotion, plus d'une paupière se sentit mouillée de larmes. — Mais une parole de joie circula soudain comme un éclair, au milieu de ces graves impressions. Le malade venait de reprendre connaissance. Le Père Prieur qui, tout souffrant qu'il était, avait voulu lui donner les saintes Onctions, lui avait demandé préalablement s'il le reconnaissait, et s'il s'unissait du fond du cœur au sacrement qui allait lui être conféré : « S'il en est ainsi, ajouta-t-il, serrez-moi la main ; » et le pauvre frère ne pouvant répondre, avait serré la main qui était dans la sienne. Mais aussitôt après, il retomba dans son état d'abattement ; et la communauté dut se retirer, avec de grandes craintes, tempérées toutefois par cette espérance inébranlable que donne l'expérience de la divine bonté.

Dès ce moment, tout le monde se mit à réciter le Rosaire avec ardeur ; le lendemain plusieurs Pères offrirent le Saint Sacrifice, et les novices communièrent, ou demandèrent des pénitences pour obtenir la guérison du malade.

Cette union de tous les efforts dans une même supplication, ne demeura point sans résultat. A peine les messes finies, le Frère, contre toutes les prévisions de la science, revint à lui. Son corps était en grande partie paralysé ; mais l'intelligence illuminait de nouveau son front ; sa langue, quoique embarrassée, articulait des sons. Le Père-Maître accourut auprès de lui, et le salua de ces mots qu'il aimait tant à écouter tous les matins : *Tota pulchra es, Maria*. A cette invocation si connue, le dévot serviteur de Marie fit effort pour répondre : *Et macula originalis non est in te* ; et un sourire parut sur son visage. « Ne vous tarde-t-il pas, reprit le Père-Maître, de recevoir la Sainte Eucharistie ? » — « Oh oui, dit-il avec force, il me tarde beaucoup. »

Lorsque le travail de dégagement de la tête eut fait des progrès, et que la langue en particulier fut plus libre, le Père spirituel revint près de son enfant, pour lui procurer le bénéfice du sacrement de pénitence. C'était le samedi à 11 h. 1/2 du matin ; la communauté fut de nouveau appelée pour accompagner solennellement le Saint-Viatique. Les frères se tinrent, comme la vieille, sur deux rangs, dans le *dormitorium*, un cierge à la main ; mais cette fois la joie l'emportait sur la tristesse. Marie ne venait-elle pas, dans ce jour qui lui était consacré, de réveiller son enfant ; et n'allait-elle pas achever, en le guérissant, l'œuvre de miséricorde si bien commencée ? C'est le Père-Maître qui portait le Très-Saint-Sacrement. Il adressa quelques paroles touchantes au malade, qui écouta dans un religieux silence, parut tout heureux, et reçut son Dieu avec les plus vifs sentiments de foi et d'amour. Marie avait donc manifesté sa miséricorde à ses serviteurs, quoique ce ne fût pas précisément de la manière qu'ils l'avaient demandée. Le frère Raphaël avait obtenu l'immense faveur de reprendre connaissance, et il devait garder cette possession de lui-même jusqu'à la fin. Elle lui avait servi à recevoir l'inestimable bienfait du Saint-Viatique ; elle allait servir, en lui laissant la conscience de ses maux, à consommer ses mérites, sans lui enlever le bienfait de cette mort qu'il avait désirée ainsi que l'Apôtre, parce qu'il la regardait comme une grâce : *Mihi vivere Christus est, et mori lucrum*. « Jésus-Christ est ma vie ; et mourir m'est un gain ; mais ce dernier parti est de beaucoup le meilleur. » (Phili. ɪ. 21)

Autrefois, il avait constamment demandé la grâce
du martyre, disant dans sa ferveur : « Chaque fois,
que je fais l'inclination profonde, à l'Office, je me
représente le moment où je serai victime du bourreau ; chaque fois que j'ai à endurer quelque dou -
leur, je me souviens de cette douleur dernière qui
m'ouvrira la céleste patrie. Alors rien ne m'est
pénible, tout me paraît d'une grande douceur. » Il
allait lui être donné d'endurer en effet pendant
quatre jours, un vrai martyre.

Dans la soirée de ce même samedi commencèrent
de grandes souffrances. Les applications de réactifs
violents, qu'on avait du faire sur lui afin de réveiller la sensibilité, l'avaient couvert de plaies, et
le corps tout entier était tellement endolori, que le
pauvre patient ne savait plus compter ni définir ses
douleurs. « Souffrez-vous beaucoup, lui demandait-
on quelquefois ? » et il répondait avec sa bonté habituelle : « Oh oui ! mais il faut bien souffrir quelque chose pour mériter le ciel. » Et comme un
frère lui parlait des âmes du purgatoire, dans le but
de l'exciter à une plus grande générosité dans la
patience : « Sans doute, disait-il, elles souffrent, et
plus que moi ; mais du moins elles souffrent par
amour pour Celui qu'elles ne peuvent plus perdre. »

Il remerciait avec effusion les frères infirmiers
de tous les adoucissements qu'ils voulaient bien lui

procurer. On se souvient de l'avoir entendu, au début de sa maladie, exprimer hautement sa reconnaissance pour un matelas qu'on lui avait apporté ; à ses yeux c'était une grande concession, presque une délicatesse ; et jusqu'aux dernières défaillances de l'agonie, on le vit marquer du geste, quand il ne pouvait plus le faire de la voix, toute sa gratitude pour les bons offices qu'on lui rendait (1).

Pendant les longues heures de sa maladie, il ne s'occupait que de choses pieuses et des souffrances de Notre-Seigneur auxquelles il unissait les siennes, comme il le confia souvent à ceux qui étaient à ses côtés. Dans la nuit du lundi au mardi, ayant remarqué que les novices qui le veillaient récitaient l'Office, il s'empressa de demander quel était le Saint dont on célèbrait la fête ; et comme on lui répondit que l'on fêtait un Confesseur de l'Ordre, le B. Marcolin, il voulut qu'on lui rappelât la légende du bréviaire, qu'il écouta avec une religieuse attention. Il aimait aussi qu'on lui parlât de la mission du Brésil, et il était consolé quand on l'assurait que ses douleurs patiemment supportées, serviraient à attirer des grâces sur elle. On lui rapporta que les deux missionnaires partis en septembre avaient

(1) Ainsi Saint Thomas d'Aquin, du milieu des angoisses de l'agonie, jetait encore les yeux sur les moines cisterciens qui l'avaient assisté, et songeait à les remercier.

écrit, et se plaignaient de n'avoir aucune nouvelle de France : « Mais, répondit-il avec force, j'ai envoyé moi-même une longue lettre au nom du noviciat. *Ex abundatia cordis os loquitur*; on devinait sans peine que son cœur était là.

« Oh! que Dieu est bon disait-il parfois! Com-
« bien il faut aimer Celui qui nous a tant aimés,
« et qui est si peu payé de retour! » Il était heureux quand ses gardiens lui suggéraient quelques bonnes pensées, ou lui récitaient une de ses prières préférées, telle que la strophe, *Maria, mater gratiæ*, le répons, *O spem miram*, en l'honneur de notre Père saint Dominique, le *Gloria Patri*, le *Tota pulchra es Maria*. Il répétait plusieurs fois lui-même ces invocations, et quand on lui demandait si elles lui causaient de la fatigue : « Un peu, répondait-il ; mais elles me font tant de bien ! »

Alors même que la violence de la douleur le jetait, pour un court instant, dans le délire, il suffisait de lui parler de Dieu ou de la T. S. Vierge pour que de suite il reprît connaissance, et qu'il répondît très à propos dans le sens des affections qu'on lui inspirait.

Les deux derniers jours, il répétait souvent : *Miserere mei, Deus, secundum magnam misericordiam tuam*, et peu après, *Lœtamini in Domino, et exultate justi* (¹), comme s'il eût voulu montrer les liens qui unissent l'esprit de pénitence, avec la joie promise par Dieu à ceux qui auront souffert pour son amour.

Il témoigna aussi, de plus en plus, sa confiance envers sainte Thérèse ; il demandait à voir son image ; et il insistait pour qu'on mêlat aux boissons qu'on lui offrait, de la poussière prise au sépulcre de cette grande Sainte.

Mais la dévotion qu'il manifesta d'une manière plus éclatante, fut envers la très Sainte Vierge. Il serrait dans sa main gauche, comme un joyau, une statuette de Notre-Dame de Lourdes, et malgré les agitations de la fièvre et de la souffrance, il ne la laissa jamais échapper. Chaque fois qu'on la mettait sur ses lèvres il la baisait affectueusement, et il fallait la vue de cette douce image pour le faire triompher de la répugnance presque invincible qu'il éprouvait depuis longtemps, pour n'importe quel breuvage. Lorsqu'on lui disait que Marie le soutenait, il répondait : « Eh oui ! que ferais-je si elle ne me soutenait pas ? » Il avait soin de s'informer, quand on lui présentait quelque potion , si on y avait mêlé de l'eau de Lourdes.

----

(1) Ayez pitié de moi, mon Dieu, selon votre grande miséricorde (Ps. li.) — Réjouissez-vous dans le Seigneur et tressaillez d'allégresse, ô Justes. Jouissez de la gloire, vous tous qui avez le cœur droit. (Ps. xxxi. 11.)

Mais, par dessus tout, il portait ses pensées vers notre Sauveur. Le lendemain matin, vers 7 heures, il réclama son Père spirituel en disant : « Il m'avait promis de venir après sa messe, faire l'action de grâces près de moi ; » et lorsque celui-ci fut à ses côtés : « Veuillez approcher davantage, lui dit-il, avec une expression toute céleste ; je veux respirer en vous le parfum de la Sainte Eucharistie. » Puis il ajouta : « Dites-moi, dites-moi quelques-unes de ces paroles que j'aime ; » et il répéta lui-même : *Tota pulchra es, Mater... Maria Mater gratiæ... Cor Jesu sacratissimum... Jesu mitis et humilis corde* etc (1). Il disait ensuite à son infirmier : « Le Révérend Père-Maitre m'a fait bien plaisir. »

§ IV

Dernier jour. — Mort précieuse.

Quelque heureux que fùt le Frère Raphaël de recevoir la visite de ceux qui venaient de dire la

(1) Vous êtes toute belle, o Marie, et il n'y a pas de tache en vous. — Marie, mère de la grâce et de la miséricorde, protégez-nous contre l'ennemi, et recevez-nous à l'heure de la mort. — Cœur sacré de Jésus, ayez pitié de nous. — Jésus doux et humble de cœur rendez notre cœur semblable au vôtre.

sainte messe, il aurait bien préféré recevoir encore une fois le Saint-Viatique. Mais on constata que ce serait impossible ; et il dut accepter cette privation. On ne pensa plus qu'à le disposer à s'unir dans le ciel, au Dieu de l'Eucharistie. Son Père-Maître lui suggéra donc les paroles qui terminent l'Apocalypse et le Nouveau-Testament : *Veni, Domine Jesu*. Il l'invita ensuite à dire de cœur, car il n'était plus capable de le prononcer de bouche : *Noli tardare*. « Ne tardez pas, venez ô Seigneur Jésus. »

Son affaissement devenait de plus en plus sensible, et les nombreuses opérations auxquelles on le soumettait, ne faisaient qu'aggraver son martyre. Les médecins étaient dans l'admiration à la vue de sa patience inaltérable et de son obéissance à toute épreuve. Comme ils parlaient d'essayer encore d'une potion, alors que le malade ne pouvait plus avaler qu'avec une extrême difficulté et de grandes souffrances, il leur répondit en rassemblant ses forces : « Comme vous voudrez. »

A midi le Père qui le gardait l'ayant averti que l'on sonnait l'*Angelus*, et l'ayant récité à haute voix, il s'y unit encore. On ne pouvait plus l'entendre, à cause de la grande difficulté qu'il avait déjà pour articuler les mots ; mais le mouvement des lèvres montrait qu'il s'associait de cœur à la louange de Marie, et au souvenir de l'Incarnation du Verbe.

Vers 6 h. 1/2 du soir, il perdit connaissance. Le père Prieur qui était souffrant et qui avait quitté son lit pour le venir voir, réussit pourtant à réveiller un moment sa lucidité d'esprit, en lui disant « Vous êtes bien uni, n'est-ce pas, au bon Dieu ? » — « Oh! oui, bien uni. » — Et vous l'aimez de tout cœur, » — « Oh! oui. » Mais lui ayant posé une autre question de ce genre, il n'eut plus de réponse.

C'était l'agonie qui commençait. Les yeux étaient complètement fermés, et le sifflement du râle se faisait entendre. Les frères qui étaient là priaient.

A dix heures deux médecins arrivèrent : « C'est fini, déclara l'un d'entre eux, voyant l'état du malade ; il ne reste plus qu'à le recommander à Dieu. »

A 11 heures, les prières de la recommandation de l'âme commencèrent donc. On portait souvent aux lèvres du mourant le crucifix et la statuette de l'Immaculée. Un des pères tâchait de ranimer son attention, en lui récitant l'invocation : « Jésus, Marie, Joseph, je vous donne mon cœur, mon esprit et ma vie. Jésus, Marie, Joseph, assistez-moi dans ma dernière agonie. Jésus, Marie, Joseph, faites que je meure dans votre sainte compagnie. »

L'absolution lui fut donnée par trois ou quatre

fois, sans compter l'absolution générale et l'indulgence plénière applicable aux moribonds.

A 11 h. 1/2, le malade baissant de plus en plus, on appela la communauté, et le chant du *Salve Regina* fut entonné. — C'est un usage touchant qui remonte au premier siècle de l'Ordre. Le B. Sadoc et ses compagnons avaient connu par révélation qu'ils allaient être victimes des Tartares. « Loin de fuir, ils prièrent tout le jour, et le soir, ils descendirent du chœur dans la nef, pour chanter selon la coutume, l'antienne à Marie. Ce fut le moment que choisirent les impies pour envahir l'église et massacrer les saints missionnaires, qui allèrent continuer leur cantique en présence de l'Agneau, dont le sang avait blanchi leur âme. C'est ainsi que ces athlètes du Christ consacrèrent par leur mort, la pieuse coutume de chanter le *Salve* à l'heure de l'agonie de chaque frère. Car on croit, avec raison, qu'alors ils prient Marie, de montrer au mourant, Jésus le fruit béni de ses entrailles. (Office du B. Sadoc. 2 juin.)

Le Frère Raphaël avait souvent parlé de ce moment si sublime et si consolant où la Sainte Vierge vient accueillir ses enfants dans ses bras, au chant du *Salve*, à l'heure dernière. Il dut recevoir alors des grâces ineffables de la Reine du ciel. Ses frères n'oublieront jamais l'émotion qu'ils éprouvèrent,

lorsqu'auprès de sa funèbre couche, quelques instants avant minuit, éclairés par la pâle lumière des
cierges, et accompagnés du râle d'un frère expirant,
ils entonnèrent l'hymne de Marie, chant du départ
du Frère Prêcheur, après qu'il a assez combattu le
mal, et loué Dieu sur cette terre. Ils eurent surtout
un instant de saisissement mêlé d'admiration, lorsqu'arrivés à ces belles paroles : *Et Jesum benedi-
tum fructum ventris tui...* ils virent le frère Raphaël ouvrir doucement les yeux, jusque-là appe-
santis par la mort, et les élever vers le ciel. L'Immaculée qu'il avait tant priée de l'assister lors de
son passage du temps à l'éternité, n'avait sans
doute pas laissé ses vœux sans effet. Elle était
venue l'inviter à monter près d'elle. Pendant que
le Père Sous-Maître récitait l'oraison qui termine
les litanies, et qu'une dernière absolution était prononcée, le Frère Raphaël, sans secousse, sans terreur, rendait son âme entre les mains de Dieu.

Il avait vingt-sept ans, deux mois et trois jours.

« Quand ma tête tombera sous la hache du bour-
« reau, ô Vierge Immaculée, » lisons-nous sur un
des papiers qu'il gardait dans son livre d'Office,
« recevez votre petit serviteur, comme la grappe
« de raisin mûr tombée sous le tranchant, comme
« la rose épanouie qu'on est allé cueillir en votre
« honneur. » L'Immaculée venait de recevoir sa

grappe chargée de beaux fruits, sa rose pleinement épanouie dans la céleste charité.

Aux Matines qui suivirent presque immédiatement, on fit l'office de la B. Marguerite, princesse de Hongrie, vierge de l'Ordre de saint Dominique, et l'on récita cette antienne qui s'appliquait si bien à l'âme virginale de notre novice : « Venez épouse du Christ, venez recevoir la couronne qui vous a été préparée de toute éternité. »

Pendant la nuit du 25 au 26, toute la journée du 26, et la nuit du 26 au 27, les religieux se succédèrent pour réciter continuellement le psautier autour de la dépouille mortelle de leur frère. Près de ce corps exposé dans l'oratoire du Noviciat, avec tous les vêtements de l'Ordre, et environné de fleurs, symboles de son innocence, tous éprouvèrent des sentiments de paix et de joie intérieure qui les faisaient penser à la délicieuse compagnie des Saints. On était peu porté à prier pour le repos de son âme ; mais persuadé qu'elle jouissait des éternelles splendeurs, on se surprenait plutôt à se recommander à son intercession.

CONCLUSION

En remontant aux premiers jours de l'Ordre, on trouve le récit de beaucoup de morts pieuses parmi les jeunes religieux (1).

Tantôt ce sont deux Frères du Couvent de Lyon, qui apparaissent sur une barque agitée, tenant en main chacun une fleur d'un éclat céleste. L'esquif en péril figure les tentations qui les assaillent. Mais ils triomphent, parce qu'ils ont su consacrer à Dieu la fleur et l'énergie de leur jeunesse : *Florem juventutis suæ et fortitudinem.*

Tantôt c'est un Frère de Marseille, d'un âge très tendre, pur comme les anges et plein de grâce, *Juvenis valde purus et admodum gratiosus.* On l'aperçoit quitter la terre, en vêtements blancs, un cierge à la main, à la tête d'un long défilé d'habitants du Paradis.

(1) V. *Etudes sur les temps primitifs de l'Ordre de S Dominique* par le P. Antonin Danzas. T. **I**. Chap. 6 (Poitiers. Henri Oudin.)

Un autre, très pieux novice du Couvent de Paris, arrivé à sa dernière heure, semble avoir perdu l'usage de la parole. On introduit, par trois fois, entre ses lèvres quelques gouttes d'un cordial, pour le ranimer. A la première fois, il dit : « Qu'il est beau, le lieu que le Seigneur a préparé à ses enfants ! » et il se rendort. — A la seconde fois, il répète les mots du Psalmiste : *In pace in idipsum dormiam et requiescam.* « Oui, je me reposerai dans la paix de mon Dieu (¹) ; » et il s'évanouit encore. — A la dernière fois, on l'entend prononcer ces mots : « Le Seigneur fera partager le sort des impies à ceux qui s'éloignent de leurs devoirs ; mais la paix, l'abondance des biens célestes, sera sur Israël. » *déclinantes in obligationes adducet Dominus cum operantibus iniquitatem : pax super Israël* (²) *;* et en disant ces mots il expire.

A six siècles de distance de cet âge d'or, notre frère Raphaël fait apparaître parmi nous, dans ses derniers instants, un beau reflet de ces morts précieuses, en rappelle la ferveur, en reproduit les charmes. C'est un tableau qui, dans sa tristesse, est plein de consolations, un spectacle qui, dans sa simplicité, surabonde d'enseignements salutaires pour tous, pour les chrétiens, pour les religieux, et par-

(1) Ps. iv. 9.
(2) Ps. cxxiv. 5.

ticulièrement pour nous, ses frères en Saint-Dominique.

Mais vous surtout, enfants du Noviciat où il s'est formé, vous qui avez joui de sa douce société et respiré l'odeur de ses vertus, méditez et instruisez-vous.

Pour cela, ne vous contentez pas de conserver précieusement son souvenir, ni de pleurer sa perte ou d'envier son repos ; continuez tous à faire revivre en vous les belles espérances qu'il donnait à la sainte Religion notre Mère. Ainsi, par ses souffrances et sa mort, semblable au grain de froment tombé dans la bonne terre, au lieu de demeurer seul, il apportera beaucoup de fruit (1). Et vos prières unies aux siennes, attireront sous la bannière de St-Dominique une légion de jeunes gens épris du désir d'une vie plus généreuse, plus à l'abri des dangers du monde, plus unie à Dieu seul.

Ne dites pas : « Nous sommes encore faibles, et nous n'oserions aspirer à des vertus parfaites. » — Regardez plutôt comment cet humble novice, avec la vie la plus ordinaire, grâce à la protection de Marie, à la pureté des intentions, à la constance dans les pratiques quotidiennes, et à cette aménité de caractère qu'il répandait sur toute sa conduite,

---

(1) Nisi granum frumenti, cadens in terram, mortuum fuerit, ipsum solum manet ; si autem mortuum fuerit, multum fructum affert. (Joan. xii. 24, 25).

est arrivé à une perfection si aimable à Dieu et aux hommes.

Quaucun ne dise : « Nous sommes jeunes ; nous nous avancerons plus tard. » — En laissant passer ainsi l'heure première, celle que nulle autre n'égale, vous ne retireriez du progrès des années, qu'une croissance des défauts, et un abus plus redoutable des grâces. C'est en se mettant à l'œuvre sans retard, c'est en s'y appliquant avec énergie, en jurant la ruine de la nature, en disant sans cesse : *Volo* : « Je le veux », que notre frère a pu fournir, en peu de temps, une si longue et si noble carrière. A vous de le suivre ; vous en êtes dignes.

Des cœurs moins bien disposés que les vôtres penseraient peut-être : « Les temps sont mauvais. On a dispersé les serviteurs du Christ et détruit ses autels ; une atmosphère froide et sombre pèse sur les âmes ; le lendemain sera probablement pire ; c'est assez, pour l'heure présente, de ne pas reculer, de se maintenir à flot, de gémir, de se résigner et d'attendre. » — Vous penserez plus tôt comme votre jeune frère. Il estimait sagement qu'il ne suffit pas d'attendre l'avenir, qu'il faut le préparer ; qu'on ne doit pas seulement pleurer les jours mauvais, mais les « racheter (1) » en obligeant le mal même,

(1) Redimentes tempus quoniam dies mali sunt. (Ephes. v. 16.)

à devenir l'ouvrier du bien. Il comprenait que, dans les jours où l'Église est plus violemment combattue, il est plus glorieux aussi, de se dévouer à la cause sainte ; et que ce dévouement devient plus cher au cœur d'un Dieu maintenant délaissé, comme un jour sur sa croix. Aussi, rien ne fut capable de le ralentir dans l'œuvre de sa sanctification. Ni les périls des temps, ni les menaces des impies ne purent troubler la sérénité de son cœur; et le souffle de la persécution loin de renverser ses vertus, ne servit qu'à en répandre le parfum, qu'à rendre plus pure en lui la flamme de l'amour céleste, l'ardeur du zèle apostolique.

C'est ainsi, Dieu très sage et très bon, que vous savez, dans tous les siècles, dans toutes les conditions, à tous les âges de la vie, sous les formes les plus humbles, comme sous les plus remarquables, préparer vos élus et compléter leurs rangs, pour qu'ils vous glorifient tous ensemble. Accordez-nous, par un travail généreux, par un abandon filial à votre Providence, et, par un dévouement sans mesure aux âmes que vous avez rachetées de votre sang, de trouver dans cette légion bienheureuse, notre place, au jour béni où vous couronnerez l'œuvre de votre Rédemption. Alors vous serez *tout en tous*, à tout jamais. *Ut sit Deus omnia in omnibus.* (1. Cor. xv. 28.)

FIN

TABLE DES MATIÈRES

Superiorum permissu.

Paris. — Imprimerie G. TÉQUI, 92 rue de Vaugirard.

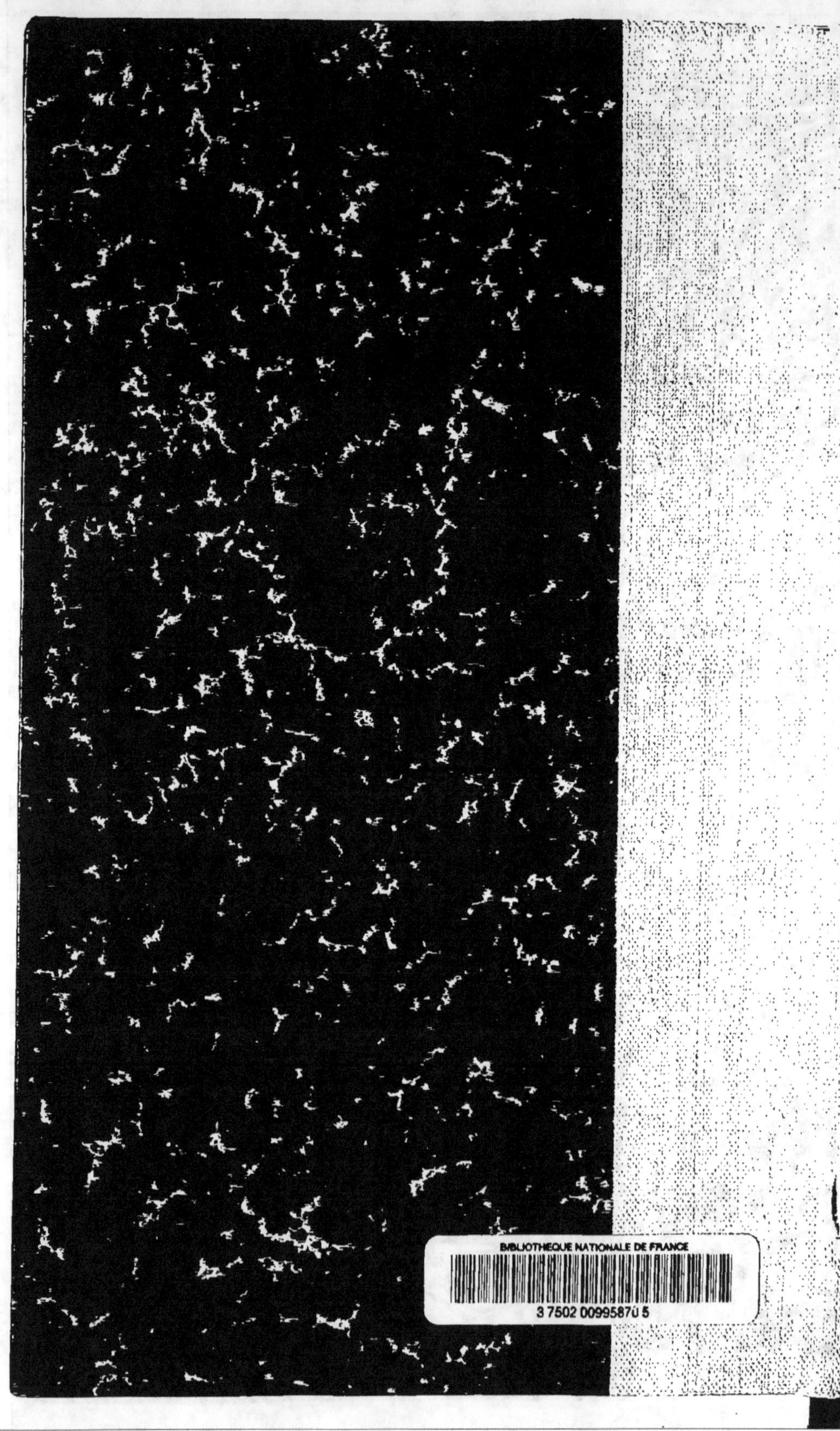